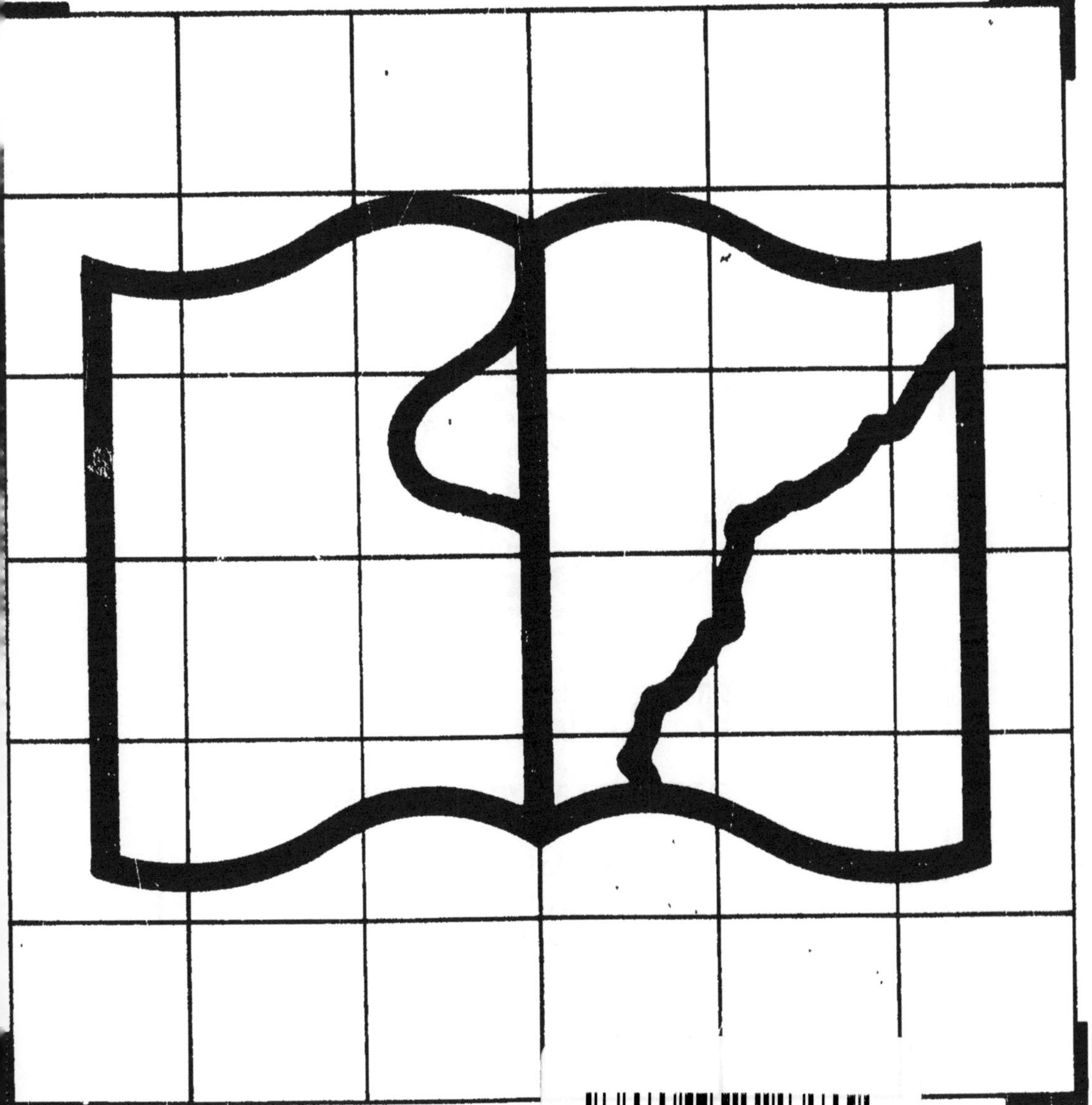

ENSEIGNEMENT CHRÉTIEN

LIVRE DE LECTURE

CENT HISTOIRES

I. — Religion.
II. — Morale.
III. — Notions diverses.

J. LEFORT, ÉDITEUR

LILLE
rue Charles de Muyssart, 24.

PARIS
rue des Saints-Pères, 30.

A LA MÊME LIBRAIRIE

Ouvrages du même Auteur :

ENSEIGNEMENT CHRÉTIEN

RECITS

DE L'ANCIEN TESTAMENT, DE L'ÉVANGILE ET DE L'HISTOIRE DE L'ÉGLISE

SUIVIS DE

TRAITS DE LA VIE DES SAINTS

In-18 *jésus*, cartonné : 1 fr. 25.

LIVRE DE LECTURE

CENT HISTOIRES

RELIGION — MORALE — NOTIONS DIVERSES

In-12, cartonné : 75 centimes.

NOTIONS ÉLÉMENTAIRES

SUR LES

SCIENCES PHYSIQUES ET NATURELLES

COSMOGRAPHIE. — HISTOIRE NATURELLE. — HYGIÈNE.

PHYSIQUE. — CHIMIE. — INDUSTRIE. — AGRICULTURE.

In-12, cartonné : 1 fr. 25.

PREMIÈRES LECTURES

DE L'ENFANCE

RELIGION — MORALE — NOTIONS DIVERSES

In-18 *raisin*, cartonné : 50 centimes.

☞ **Le Catalogue spécial des livres classiques sera envoyé, FRANCO, à toute personne qui en fera la demande.**

LILLE. — IMP.-TYP. J. LEFORT.

LIVRE DE LECTURE

ENSEIGNEMENT CHRÉTIEN

LIVRE DE LECTURE

CENT HISTOIRES

I. — Religion.

II. — Morale.

III. — Notions diverses.

J. LEFORT, ÉDITEUR

LILLE
rue Charles de Muyssart, 24

PARIS
rue des Saints-Pères, 30

AUX PERSONNES QUI ENSEIGNENT

On trouve, aux mains de l'enfance chrétienne, dans les écoles, quantité de petits livres remplis de contes moraux, propres, dit-on, à former le sens moral. Beaucoup de ces contes sont niais; quelques-uns sont absurdes, presque tous sont dans le faux. Ce sont des produits d'imagination, bons tout au plus à être lus en temps de vacances. C'est amusant peut-être, mais non instructif; il en restera peu de chose. Les auteurs, qui, après avoir terminé un conte tel que celui du *Petit Chaperon rouge*, ajoutent qu'il n'est pas bon de s'arrêter à causer avec toutes sortes de gens, donnent sans doute un conseil utile; mais n'y a-t-il pas mieux à faire, alors que c'est le moment d'instruire par un ensemble sérieux de notions essentielles. Les romans aussi affectent une tendance morale; mettra-t-on les romans dans l'école? Mais, que dis-je, n'y sont-ils pas déjà par beaucoup d'histoires morales? Oui, et il est des parents chrétiens qui trouvent que ces lectures sont pleines de bons sentiments. Qu'on ne s'y trompe pas. Édifier le sens moral avec de telles lectures, c'est bâtir sur le sable. Est-ce donc en vain que Dieu nous a fait entendre sa parole et nous a donné l'exemple des saints, et délaisserons-nous longtemps encore la morale évangélique pour celle des fabulistes et des conteurs?

Ah! sans doute, la morale prêchée uniquement au nom des bons sentiments, plaît autrement que celle qui l'est au nom de l'obéissance due à Dieu. Dans la première, le moi s'exalte et s'estime; l'orgueil trouve son compte, l'enfant s'admire dans les belles choses qu'on lui dit, et qu'il rêve de justifier au profit de sa considération. Il y a là un stimulant, c'est vrai; mais nous sommes chrétiens, et n'oublions pas que le bien, fait en dehors de l'obéissance à Dieu et point au nom de Jésus-Christ, « a déjà reçu sa récompense. » La morale doucereuse, qui va à tous les cultes et n'est d'aucun, a toujours été prêchée par les amis de la vie facile. Depuis longtemps déjà ils ont mis à la mode cette molle pédagogie qui détourne la vie humaine de sa fin, supprime l'effort nécessaire à la vertu et met l'enfant hors de sa voie, en l'accoutumant à rechercher ce qui est agréable et à fuir ce qui est pénible.

Mais n'est-il pas parlé du bon Dieu, dans ces histoires? Quelquefois; on devine pourquoi. Quant à Notre-Seigneur, il n'en est pas question, sauf dans certaines citations, pour le mettre au niveau des philosophes de tous les cultes. Allons plus droit au but : édifions le sens moral par le sens chrétien; hors de là il n'y a qu'illusion. Les vraies bases de la morale sont dans les Commandements de Dieu et de l'Église. Hors de là on forme des païens qui philosophent agréablement en style de fabuliste et vivent à l'aise avec la morale naturelle. Le chrétien est l'homme moral par excellence, puisqu'il a pour modèle Jésus-Christ. Formons d'abord le chrétien; le reste suivra naturellement, selon la parole de saint Augustin : « Quand on aime Dieu, on cherche le bien en tout. »

AUX ENFANTS

A vous, chers innocents, que le doux Sauveur aimait à rassembler autour de lui ;

A vous, qu'il bénit encore et qu'il aime toujours d'un amour de prédilection ;

A vous, âmes simples et pures, ces pages, où l'on vous apprendra à l'aimer et à lui être fidèles.

Bien des choses utiles vous seront enseignées, mais une seule est nécessaire : arriver au ciel.

« A quoi servirait de gagner l'univers, si l'on perd son âme ? » dit Notre-Seigneur.

Cherchez donc d'abord le royaume du ciel, et apprenez comment on le trouve. Nous voulons vous y aider ; puisse Dieu bénir nos intentions !

PREMIÈRE PARTIE

Ce qu'il faut savoir avant tout.

Mes chers enfants, à mesure que vous grandirez, vous vous instruirez et vous travaillerez pour devenir savants et bien conduire vos affaires.

Mais dès aujourd'hui, il faut commencer à connaître, à aimer et à servir le bon Dieu.

Cette vie, que vous croyez bien longue, ne dure pas longtemps. Après celle-ci en vient une autre qui dure toujours, toujours.... C'est de cette vie là qu'il faut vous occuper, bien plus que de celle qui doit finir, et qui est pleine de misères.

Ce petit livre vous dira là-dessus beaucoup de choses bonnes à savoir, et dont les gens raisonnables font leur profit. Soyez donc raisonnables et lisez attentivement. On s'instruit, on se forme le cœur et l'esprit en lisant de bons livres; on se gâte le cœur et l'esprit quand on en lit de mauvais.

Le petit Léon disait souvent : « Quand je serai grand comme papa, je resterai toujours grand. On est fort alors et on se porte bien. Ce n'est pas comme bon papa et moi qui ne pouvons travailler beaucoup sans être fatigués. » Bon papa lui répondit : « Mon enfant, regarde le soleil monter dans le ciel, durant la matinée ; il ne peut encore chauffer beaucoup. A midi, il est dans sa force et dans tout son éclat. Mais à mesure qu'il descend vers le soir, tout cela diminue. Tu es au matin, ton papa est à midi, moi je vais vers le soir. Si Dieu le veut, tu auras ton midi, mais n'espère pas y rester ; le soir se fera et tu finiras parce que tout finit ici-bas. Alors, mon enfant, tu entreras dans une nouvelle vie, meilleure que celle-ci et qui n'a pas de soir. C'est alors que tu pourras dire : je resterai toujours comme cela. Cette nouvelle vie, c'est Dieu qui la donne à ceux qui sont bons ; celle-là dure toujours, toujours, c'est-à-dire éternellement. Nous vivrons aussi longtemps que Dieu lui-même. Quel bonheur ! quelle joie ! »

Le bonheur.

Le bonheur!... Voilà un mot que l'on entend avec plaisir, et une chose que l'on cherche toujours. Où donc est le bonheur? Qui donc sait où l'on peut le trouver? Interrogez les gens qui vous paraissent heureux, ils vous diront : « Le bonheur ressemble à un bel oiseau, qui voltige autour de nous, et qu'on espère saisir facilement, mais qui fuit dès qu'on en approche. » Beaucoup de gens l'ont poursuivi longtemps, et peu l'ont attrapé; plusieurs vous diront même qu'il n'existe pas.

Moi, je vous dis : « Mes enfants, le bonheur existe, et si vous le cherchez où il est, vous le trouverez. » Le secret pour être heureux est indiqué dans ce petit livre, tâchez de le découvrir en lisant attentivement.

D'ordinaire nous allons chercher le bonheur dans la société de ceux qui nous paraissent riches et heureux; mais nous sommes bien souvent trompés à cet égard : ce qui nous paraissait beau et bon à distance ne l'est plus, vu de plus près. Cherchons la société de Dieu, qui seul ne trompe pas, et peut donner tout ce qu'il promet. Lui est infiniment heureux, et il fait part de son bonheur à ceux qui l'aiment. Tâchez d'être au nombre de ceux-là.

Un savant prétendait tout connaître; il se vantait de prédire la pluie et le beau temps. Or, pendant qu'il observait le cours des astres, il ne vit pas où il marchait, et tomba dans un puits, d'où il fut retiré trempé et meurtri. Chacun se moqua de lui. On lui dit : « Pauvre sot! toi qui prétends tout savoir, n'as-tu pas prévu cela? Apprends donc d'abord à voir où tu marches. Tu sais beaucoup de choses peut-être, mais tu oublies l'essentiel. » N'imitons pas cet insensé ; sachons où nous allons, mes chers enfants. Vous voilà bien portants, vous songez avec plaisir qu'un jour vous serez grands; vous faites de beaux projets, de beaux rêves pour ce temps là, qui vous semble venir trop lentement; et qui viendra pourtant plus vite que vous ne pensez, songez-y. Songez aussi à la vieillesse, qui suivra, et même à la mort inévitable. Où irez-vous alors? Voilà ce qu'il faut savoir avant tout. Dieu vous attend dans l'éternité :

Pour être bienheureux, si vous agissez bien;
Pour être malheureux, si vous agissez mal,

Deux partis opposés vont se présenter à vous. Mettez-vous du côté du bien, car là se trouve le bonheur; et détournez-vous de celui du mal, où se trouve le malheur. En un mot, soyez avec Dieu, qui vous sauvera; et non avec le démon, qui vous perdrait.

Le bon Dieu.

Le bon Dieu règne au ciel et sur la terre. Les yeux de notre corps ne peuvent le voir, mais notre âme le connaît : elle sait qu'il y a un souverain Seigneur et Maître et que c'est Lui. Qui donc fait pousser les fleurs du printemps, jaunir les moissons de l'été et mûrir les fruits de l'automne? C'est Lui. Qui fait tomber la pluie pour arroser la terre et faire pousser les plantes? Qui envoie la neige couvrir les plaines d'un vaste manteau blanc, pour protéger, contre le froid, les germes encore tendres? C'est Dieu. C'est Lui qui effraie les méchants par les éclats de son tonnerre, et qui réjouit les cœurs par la lumière répandue dans toute la nature. Il commande au soleil, à la lune et aux étoiles; il règle le jour, la nuit et les saisons. Sa bonté providentielle s'étend à tout : c'est Lui qui nourrit les petits oiseaux, qui soutient les premiers pas de l'enfant, et console l'infirme sur son lit de douleur. Il est le Père des orphelins, l'espoir des malheureux; il sera votre soutien durant cette vie, votre joie durant l'éternité. Vos parents vous aiment beaucoup, mes enfants, le bon Dieu vous aime davantage, parce qu'il est infiniment bon. Aimez vos parents, aimez plus encore le bon Dieu, car il est infiniment aimable.

La mère Durlot revenait du bois, traînant une lourde charge ; sa sueur se mêlait au givre. Je lui dis : « Laissez-moi pousser la charrette à mon tour et reposez vos bras. » Chemin faisant, elle m'apprit la mort de ses deux fils, durant la dernière guerre. « De sorte que vous voilà toute seule, dis-je, sans autre ressource que vous-même. C'est bien triste, il y a de quoi perdre courage : faut-il qu'il y ait sur la terre des créatures si malheureuses ! Le bon Dieu ne devrait pas permettre cela. — Que dites-vous là, s'écria-t-elle en se redressant ? Le bon Dieu est toujours bon pour ceux qui l'aiment et qui espèrent en lui. Quand je sens mon cœur faiblir, je me dis : Allons, courage ! N'ai-je pas mon Père des cieux ? Voyez-vous, on a beau être vieille et misérable, l'idée qu'il nous voit, nous regarde et nous tient compte de tout, ça nous remet le cœur. Quand mes jambes ne me soutiennent plus, je me mets à genoux, je lui parle de mes peines et je me relève plus contente ; car je sens bien qu'il m'a consolée. C'est le contentement du cœur qui fait le bonheur, et non les beaux habits. Je vois passer sans jalousie ceux qu'on appelle les heureux de ce monde. Tout ce qui brille en eux ne me tente pas. Pourquoi me plaindrai-je, ne suis-je pas la fille d'un grand roi et l'héritière d'un beau royaume ? J'espère en Dieu, et je sais bien que je ne serai pas trompée. »

Dieu le Père, Créateur du ciel et de la terre.

Dieu a créé, c'est-à-dire qu'il a fait de rien le ciel, la terre et tout ce qui existe. Il a dit et tout a été fait, sans peine ni fatigue ; car il est tout-puissant, et fait ce qu'il lui plaît. Comptez, si vous pouvez, ces myriades d'étoiles, qui brillent durant la nuit ; ce sont autant de soleils comme le nôtre, qui est pourtant un million quatre cent mille fois plus gros que la terre. Ces astres lumineux nous semblent petits à cause de leur grand éloignement : un boulet de canon mettrait sept cent mille ans pour aller d'ici à l'étoile la plus rapprochée de nous. Et tous ces grands corps parcourent l'espace immense, avec une rapidité bien supérieure à celle d'un chemin de fer de grande vitesse, bien plus grande que le vol de l'hirondelle. Cependant tout se maintient dans un bel ordre, grâce à la puissance de Dieu qui règle et gouverne tout. Sa providence prend soin de tout : vous voyez les animaux et les plantes se renouveler sans cesse. Il y a, dans la vie et la forme d'un insecte, d'un papillon, des merveilles, comme dans l'éclat et le parfum des fleurs. Enfin l'homme est sur la terre le chef-d'œuvre de Dieu; le roi de la création, et il réunit en son corps plus de merveilles qu'il n'y en a dans toutes les créatures visibles.

Ludovic, regardant une montre, ne se lassai pas d'admirer le mouvement des roues ; il cherchait à comprendre comment le tic tac d'une seule roue faisait marcher les autres et avancer les aiguilles. Son père lui montra un ressort, qui tirait cette roue, et mettait ainsi tout en mouvement, à l'aide des engrenages. Puis il ajouta : « Ce qui est plus étonnant, mon enfant, c'est que cette montre s'est faite toute seule. — Oh ! papa, s'écria Ludovic, vous voulez rire ; il n'y a pas d'horloge sans horloger, et cette montre est l'œuvre de quelqu'un. Celui qui l'a faite avait bien plus d'esprit que moi, puisque j'ai peine à la comprendre ; cependant vous ne me ferez pas croire que ce joujou a plus d'esprit que moi. C'est un corps sans âme, ni pensée, qui marque ce qu'on lui a fait marquer. — Tu as raison, mon enfant, dit le père ; aucune des choses que nous voyons n'aurait pu se faire elle-même. Et s'il faut beaucoup d'intelligence pour faire une montre, il en faut bien davantage pour créer et ordonner les mouvements de ce bel univers, qui s'étend à perte de vue sous nos regards, pour régler la marche des astres et des saisons. Dieu seul, dont la puissance est infinie, a pu faire un si bel ouvrage. » C'est Dieu qui a tout ordonné, tout réglé ; c'est lui qui entretient partout le mouvement et la vie, qui veille sur nous la nuit, le jour, à tout moment. »

Dieu le Fils, Jésus-Christ, notre Rédempteur.

Enfants d'Adam, tous les hommes ont offensé Dieu. Ni les anges ni les hommes ne pouvaient réparer un si grand outrage. Dieu seul le pouvait; car rien, hors de lui, ne peut être digne de lui. Par amour pour ses créatures coupables, il a bien voulu trouver une victime dans la personne du Fils, qui a expié nos péchés et nous a acquis la bienheureuse éternité. D'un mot il a créé le monde, d'un mot il pouvait nous racheter, mais il a voulu faire mieux. Il est descendu du ciel, il a pris un corps et une âme semblables aux nôtres; devenant ainsi Dieu et homme en une seule personne, afin de pouvoir souffrir pour nous. Après avoir passé trois ans à instruire les hommes, il s'est livré à la mort de la croix, pour apaiser la justice divine et nous gagner le ciel. Il nous a montré, par ses souffrances volontaires, combien il nous aime et combien le péché est un grand mal; il a voulu aussi, par son exemple, nous apprendre à endurer patiemment les peines de cette vie, puisque c'est par la souffrance que l'on entre au Paradis. Il a fait plus encore : par un miracle continuel, il demeure avec nous au Saint Sacrement de l'autel, se donne à nous comme gage de la vie éternelle et nous fait, dès ici-bas, vivre de sa vie.

Sainte Euphrasie, fille d'un sénateur romain, étant allée avec sa mère visiter un couvent de religieuses, fut si charmée de tout ce qu'elle y vit, qu'elle exprima le désir d'y demeurer. On lui dit : « Mon enfant, vous êtes trop jeune, personne ne peut rester ici, sans se consacrer à Jésus-Christ. — Où est-il, » dit l'enfant ? On lui mit entre les mains un crucifix, et on lui expliqua comment le Dieu du ciel a daigné, par amour pour nous, prendre un corps et une âme comme nous, vivre parmi nous petit enfant, supporter toutes nos misères, durant trente-trois ans, et mourir par le supplice de la croix. Alors, Euphrasie, tout en larmes, saisit le crucifix en disant : « Quoi, mon Dieu, vous avez enduré tout cela par amour pour nous, pour moi, et vous m'aimez tant que cela !... Je veux être toute à Jésus-Christ, je veux quitter tout pour le servir.... — Songez, lui dit-on, que pour rester ici il faut travailler, jeûner et apprendre beaucoup de choses. — Rien ne m'effraie, reprit l'enfant, de ce qui est fait pour plaire à Jésus-Christ, je me soumettrai à tout de bon cœur. » Alors sa mère dit en versant des larmes : « Seigneur Jésus, si c'est vous-même qui appelez cette enfant, je vous la donne, sanctifiez-la et soyez sa récompense éternelle. » L'enfant resta au couvent et y devint une grande sainte.

Dieu le Saint-Esprit, qui nous sanctifie.

Le Saint-Esprit s'unit à nos âmes, par sa grâce; il nous inspire les bonnes pensées, nous fait voir celles qui sont mauvaises; et nous donne la force de les repousser, si nous sommes attentifs aux lumières qu'il répand dans notre esprit. Les saints comprennent le grand amour du Saint-Esprit pour nos âmes, et leur cœur est tout brûlant de cet amour, qui les remplit de joie, et les porte à tout sacrifier, et à tout vaincre, à endurer même le martyre pour obéir à Dieu. Voilà pourquoi ils entreprennent résolument des choses difficiles et qui font peur à notre faible nature. C'est par la force que donne le Saint-Esprit, qu'on peut affronter la mort au chevet des malades et dans les hôpitaux, consacrer sa vie au soulagement des pauvres et des malheureux. C'est lui qui pousse, à travers les mille dangers des voyages lointains, chez des peuples sauvages, les missionnaires, s'exposant à tous les supplices pour gagner à Jésus-Christ les peuplades livrées au crime et à l'idolâtrie. C'est sous l'inspiration du Saint-Esprit, que les Livres saints ont été écrits et par lui que l'Église dirige et gouverne les âmes des fidèles, depuis qu'il est descendu sur les Apôtres assemblés, selon la promesse que Notre-Seigneur leur en avait faite.

Théodore regardait greffer un poirier : « Pourquoi, dit-il au jardinier, pourquoi couper ces belles branches et les remplacer par de petits rameaux? — Les branches coupées, répondit le jardinier, ne donnaient que de mauvais fruits. Rappelle-toi combien ces fruits étaient en petite quantité et de mauvais goût; tandis que sur les espaliers, qui ont tous été greffés, il y avait de belles poires jaunes et rouges, grosses et sucrées. La greffe apporte dans l'arbre une sève nouvelle et meilleure, qui passe dans les fruits et leur donne plus de saveur et plus de prix. L'arbre, que tu vois aujourd'hui mutilé, redeviendra beau et vaudra davantage, il faut savoir sacrifier ce qui nous plaît, quand il doit en résulter un bien. » Ainsi en est-il de nous, mes enfants : nous ne produisons guère de bonnes actions de nous-mêmes, il faut que le Saint-Esprit soit en nous, qu'il y soit greffé par les sacrements, qu'il y apporte la sève de la sainteté, pour que nos actions, qui sont les fruits de notre bonne volonté, soient agréables à Dieu. Il faut, pour produire de tels fruits, couper et abattre généreusement tout ce qui en nous pousse facilement et ne produit que le mal, comme par exemple la paresse, la vanité, la colère, la jalousie, etc. C'est le Saint-Esprit qui vous sanctifiera, mon enfant ; soyez-lui fidèle !

Nos devoirs envers Dieu.

Dieu est le Créateur, le souverain Seigneur et Maître de toutes choses. C'est lui qui nous a donné la vie, c'est lui qui nous la conserve, c'est lui qui nous promet l'éternité bienheureuse. Nous lui devons tous les biens du corps et de l'âme. Il est donc juste que nous lui en rendions hommage. Tout lui est dû, parce qu'il est l'auteur et le Maître de tout, et que tout lui appartient. Rien n'est en dehors de sa puissance, rien ne peut résister à sa volonté, rien n'échappe à sa vue, rien ne peut lui être enlevé sans offense grave, sans mériter châtiment. Il faut donc apprendre à le *connaître*, afin de lui rendre les hommages qui lui sont dus et de ne jamais outrager son adorable sainteté. Il faut aussi apprendre à l'*aimer*, parce qu'il est infiniment bon et aimable, parce qu'il est notre Père, et que nous sommes ses enfants. C'est lui-même qui veut qu'en nous adressant à lui, nous lui donnions ce nom si doux et si rassurant. Enfin, nous devons le *servir*, c'est-à-dire observer ses commandements ; car c'est à cela qu'on reconnaît ceux qui l'aiment véritablement. « Celui qui m'aime garde ma parole, » dit Notre-Seigneur, et il ajoute : « Faites que les hommes voient vos œuvres, afin qu'ils glorifient votre Père qui est dans les cieux. »

Saint Stanislas Kostka, fils d'un sénateur de Pologne, montra, dès sa plus tendre enfance, un grand zèle dans le service de Dieu, grâce aux soins de sa pieuse mère. Jeune encore, il disait : « Les enfants, qui aiment leurs parents, leur obéissent volontiers, et ils ont plaisir à les contenter ; ils se sentent heureux en pensant que, par leur docilité, ils se rendent agréables à ceux qui les aiment. » C'est ainsi que nous devons agir à l'égard de Dieu, qui nous aime, et le servir avec joie. Il a dit lui-même : « Mon joug est doux et mon fardeau est léger. » Il n'exige rien de nous qui soit au-dessus de nos forces ; il nous aide quand nous lui en faisons la demande, et notre bonne volonté est ce qui lui plaît davantage. Voilà pourquoi les anges ont chanté à l'arrivée du Rédempteur : « Gloire à Dieu et paix à ceux qui ont bonne volonté. » Ce saint enfant, parlant de la fête de l'Assomption, annonça qu'il mourrait ce jour-là, et qu'il verrait les anges célébrer la fête de l'arrivée de Marie au ciel. Il mourut en effet en ce saint jour, disant, au moment d'expirer, qu'il voyait la Reine des anges venir à lui. Il avait eu une vie innocente, pure et sainte. Dieu glorifia son jeune serviteur par de nombreux miracles sur son tombeau. Les saints nous ont été donnés pour modèles dans l'accomplissement des devoirs envers Dieu : imitons-les ici-bas, nous les suivrons au ciel.

La très sainte Vierge, Mère de Dieu.

Adam et Ève, chassés du paradis terrestre après leur désobéissance, ne furent pas laissés sans espérance. Dieu leur promit un Sauveur, que leurs descendants attendirent pendant plus de quatre mille ans. Au temps marqué par les prophètes, l'ange Gabriel vint à Nazareth annoncer à la Vierge Marie, que Dieu l'avait choisie pour être la mère du Sauveur attendu, du désiré des nations, du Fils du Très-Haut. En devenant la Mère de Dieu, fait homme, donné à nous pour notre rédemption, la sainte Vierge est devenue aussi notre mère; le paradis nous est rendu, nous sommes redevenus enfants de Dieu, frères de Jésus, Dieu et homme, et ainsi enfants de Marie. C'est par sa divine maternité que tous les biens célestes nous sont revenus, et c'est encore par elle que Dieu se plaît à accorder ses grâces et ses bienfaits. Elle est toute puissante auprès de son Fils, qui est lui-même le Tout-Puissant, et tous les saints répètent qu'un vrai serviteur de Marie ne peut périr, que son salut est assuré. Elle aime à manifester sa puissance quand on lui demande la conversion des pécheurs; les conversions obtenues par son intercession sont innombrables. C'est à elle qu'on s'adresse pour toucher les cœurs endurcis.

Un jeune homme, qui dans son enfance avait été consacré à la sainte Vierge par une pieuse mère, s'était perdu par la fréquentation des mauvaises compagnies; il était devenu méchant et impie. Son inconduite l'avait rendu malade, et étendu sur un lit, il attendait l'heure de la mort. Quand on lui parlait de se réconcilier avec le bon Dieu, en demandant pardon de ses péchés, il entrait en fureur et proférait des blasphèmes, qui faisaient trembler les personnes présentes. Une bonne sœur, qui le soignait avec une patience angélique, gémissait de ne pouvoir éveiller en son cœur aucun bon sentiment; il crachait au visage de ceux qui priaient autour de lui. On supplia un saint religieux d'entreprendre la conversion de ce malheureux, qui ressemblait à un damné. « Ce n'est pas moi qui le convertirai, dit le bon religieux, ce sera la sainte Vierge. » Il recommanda donc la conversion de ce pécheur à une pieuse réunion de jeunes filles et accourut. Le malheureux, voyant entrer un prêtre, renouvela ses insultes et ses blasphèmes. Un bâton se trouvait à sa portée, il le leva d'un air menaçant : « Tout cela, mon enfant, n'est rien; il s'agit de votre salut éternel, lui dit le religieux. Frappez tant qu'il vous plaira, mais rendez à la sainte Vierge l'enfant que votre mère lui a consacré autrefois. » Le malheureux céda enfin à la grâce.

Les saints Anges.

Les saints Anges sont de purs esprits, supérieurs à l'homme. Pour eux le ciel et la terre n'ont rien de caché ; ils se portent d'un lieu à un autre avec la rapidité de la pensée. Les obstacles qui nous arrêtent ne gênent point leur passage; ils entrent où ils veulent. Rien ne peut leur résister, on les a vus frapper de mort une armée de cent mille hommes. Ils sont innombrables ; Dieu en fait les ministres de ses volontés et les envoie exécuter ses ordres. Ils président aux destinées des nations et des individus. « Voilà que j'enverrai mon ange devant vous, dit le Seigneur, afin qu'il vous garde et vous conduise ; respectez-le et écoutez sa voix. » L'homme sage donne un guide à son fils ; et Dieu aussi donne à chacun de nous un ange gardien qui prie avec nous, combat avec nous : « Quand vous pleuriez et que vous gémissiez, dit l'ange Raphaël à Tobie, j'offrais vos prières au Seigneur. »

« Je considère, disait un saint Père, que mon ange est à mes côtés, qu'il m'assiste et qu'il écrit ce que j'ai fait. Cela me remplit d'un religieux respect et me rend attentif à ne rien faire qui lui déplaise. » Ils sont les témoins de notre vie, et seront un jour nos défenseurs ou nos accusateurs au tribunal de Dieu.

A Babylone, Nabuchodonosor éleva une haute statue, et ordonna de jeter dans une fournaise ardente quiconque refuserait d'adorer cette idole. Ananias, Azarias et Misaël dirent : « Nous n'adorons que Dieu, et il est assez puissant pour nous tirer des flammes. » Le roi, furieux, les fit jeter dans un feu si ardent, que ceux qui avaient été chargés de l'allumer en furent atteints et brûlés ; les flammes s'élevaient jusqu'à la hauteur des nuages. Alors la foule présente vit, au milieu de cet immense brasier, un ange et les trois jeunes gens se promenant à travers les flammes, comme sous de frais ombrages et chantant les louanges du Dieu tout puissant. « Cieux et terre, disaient-ils, et vous tous, unissez-vous à nous pour glorifier l'Éternel et célébrer sa grandeur dans les siècles des siècles. » Le roi, frappé d'étonnement à la vue de ce prodige, s'écria : « N'avons-nous pas jeté trois hommes dans cette fournaise, d'où vient qu'ils sont encore vivants et qu'il y en a un quatrième, semblable à un prince céleste ? » Et dans le transport de son admiration, il fit publier par toute l'Asie les merveilles opérées par le Tout-Puissant. — Saint Pierre était en prison, gardé par seize soldats. Pendant la nuit, un ange lui apparaît et lui dit : « Suivez-moi. » Aussitôt les chaînes du prisonnier tombent, et les portes de la prison s'ouvrent.

Les Saints.

On vante beaucoup les grands hommes, la gloire brille autour de leur nom, parce qu'ils se sont illustrés dans les sciences ou les arts, dans la magistrature ou dans l'armée. Tout homme est fier de dire : « C'est mon semblable qui a fait cela. » Ce qui veut dire à peu près : « Si je n'ai pas fait d'aussi belles choses, c'est que l'occasion m'a manqué ; ou qu'on ne m'en a pas fourni les moyens, comme on le devait. » Et il n'est pas d'écolier prétentieux qui, lisant les hauts faits des hommes illustres, ne se dise : « Un jour, j'en ferai bien autant, moi. » Mais quand il s'agit des saints, qui ont été plus que des grands hommes, on se tait, on sent que, pour leur ressembler, il faut plus de courage que pour gagner des batailles ; car il ne faut pas combattre seulement quelques jours, mais toute la vie. On sent que, pour s'élever, il faut vouloir toujours être humble et modeste ; qu'il faut, non tout sacrifier à l'ambition, à la gloire, mais se sacrifier soi-même tout entier au bien des autres. Voilà ce qu'ont été les saints : des créatures qui, par amour pour leur Créateur et Rédempteur, se sont effacées, dévouées jusqu'à la mort. Il faut convenir que, si les grands hommes méritent notre admiration, les saints ont droit à notre vénération.

Geneviève, l'humble bergère de Nanterre, que l'histoire a placée à côté de Clotilde, la reine des Francs, sauva son pays de la fureur des barbares conduits par Attila, roi des Huns. Quand tout le monde autour d'elle était au désespoir, elle relevait les courages, promettant le secours du ciel, songeant à tout, donnant des exemples et des conseils, faisant prier les femmes et les enfants, pendant que les hommes se préparaient à la défense de la patrie. L'ennemi, qui se faisait appeler le fléau de Dieu, avait dévasté les campagnes, ruiné les villes ; il s'avançait menaçant, et la terreur le précédait. Depuis que l'on parlait de l'arrivée prochaine d'Attila, Geneviève n'avait plus qu'une pensée, celle d'écarter le péril. Elle priait sans cesse, offrant à Dieu toutes sortes de sacrifices pour apaiser sa justice et appeler sa miséricorde. Dieu honora son humble servante de visions qui la rassurèrent ; il lui apprit que la ville de Paris serait épargnée, si elle se repentait ; elle sut aussi que Troyes avait été sauvée à la prière de son évêque, et qu'Orléans le serait également. C'est ainsi que les saints, par leur immolation et leur pureté devant Dieu, rendent à la grande famille humaine d'incomparables services. Aussi la gloire qui leur est réservée brillera d'un éclat immortel et incomparable. Nous irons avec eux dans cette gloire : imitons-les.

Les mauvais anges. — Les démons.

Les démons ont été créés purs et saints comme les bons anges. Mais ils se sont révoltés contre Dieu, qui les a précipités dans les flammes éternelles. Ils sont les ennemis de Dieu et des hommes, et Dieu permet qu'ils nous tentent pour éprouver notre patience et nous exercer à la vertu, comme il le permet aussi de nos semblables. Nous devons toujours résister à un mauvais conseil, qu'il nous vienne du démon ou de nos camarades, et écouter au contraire les inspirations de notre bon ange, ainsi que les conseils de ceux qui nous veulent du bien. Le démon est méchant et rusé; comme les plantes d'un bel aspect, qui cachent du poison, ou comme le serpent, qui se glisse habilement portant son venin, il nous fait paraître agréable ce qui est mauvais, et cache le péché et la mort. Il est le prince de l'orgueil et le père du mensonge. C'est lui qui excite nos cœurs à la désobéissance, à la colère, à la jalousie; c'est lui qui trouble nos pensées, qui nous en inspire dont nous avons honte, qui nous porte à mentir pour cacher ce que nous n'osons avouer, qui souille les âmes innocentes par des idées coupables. Quand nous sentons au trouble de notre cœur qu'il est près de nous, disons-lui comme Notre-Seigneur : « Retire-toi, Satan. »

Jésus étant à Capharnaüm au milieu de la foule qu'il instruisait, un homme possédé du démon s'écria : « Laisse-nous. Es-tu venu pour nous perdre ? Je sais que tu es le Saint de Dieu. » Jésus lui dit : « Tais-toi, esprit impur et sors de cet homme. » Et l'homme fut délivré. Les assistants, saisis d'épouvante, se disaient entre eux : « Qui est celui qui commande aux esprits impurs et à qui ils obéissent ? »

Un autre jour, étant au pays de Tyr, il fut suivi par une femme Chananéenne, qui s'écriait : « Seigneur, fils de David, ayez pitié de moi ! Ma fille est cruellement tourmentée par le démon. » Et en disant cela, elle l'adorait. Jésus lui accorda ce qu'elle demandait et sa fille fut délivrée aussitôt. — Tous ceux qui sont méchants et font le mal, deviennent les associés et ensuite les esclaves du démon. On dit souvent en parlant d'un pervers, il est méchant comme un démon. Cet esprit mauvais séduit ceux qu'il veut perdre, les attire dans la voie des plaisirs coupables, et quand il s'est emparé d'eux, il les rend malheureux, et les tourmente dès ce monde ; il excite en eux un orgueil furieux, des colères qui ressemblent à de la folie ; il leur noie le cœur dans une envie qui leur rend odieux tout ce qui est bon et bien ; et ils ont des appétits brutaux comme les animaux, qui se vautrent dans l'ordure.

Le Paradis.

Les bienheureux dans le Paradis jouissent de tous les biens et sont exempts de tous les maux. Ils goûtent un repos et un bonheur sans fin, ils n'ont ni peines, ni craintes, ni inquiétudes; leur joie est sans bornes et ils savent qu'elle durera toujours. Tous les biens d'ici-bas ne sont que misères à côté des biens célestes. Un homme, qui aurait travaillé, prié et souffert depuis le commencement du monde, et qui continuerait jusqu'à la fin des siècles, n'aurait pas assez fait pour mériter un tel bonheur, si Notre-Seigneur ne l'eût acquis pour nous. Les saints se réjouissent d'avoir souffert sur la terre, et d'avoir, par leur patience, ajouté à la gloire dans laquelle ils sont entrés. Là ils savent toutes choses, ils comprennent les mystères de la religion, et admirent les merveilles que la bonté divine a opérées en notre faveur; ils bénissent Dieu pour toutes les grâces qu'il leur a accordées. Là ils voient face à face son infinie beauté, sa majesté souveraine, et ils sont dans un ravissement inexprimable.... Nous ne pouvons, tels que nous sommes ici-bas, comprendre une pareille félicité; nous ne pouvons que la désirer de tout notre cœur, y penser toujours et la demander à Dieu qui nous l'accordera, si nous lui sommes fidèles.

Le petit Maurice, causant avec sa maman, disait : « Si j'étais roi, je voudrais avoir un beau palais tout brillant de dorure et de lumière. J'aurais de grands jardins remplis de verdure, de belles fleurs et de beaux fruits. On n'y verrait ni la gelée, ni le mauvais temps ; ce serait le printemps, l'été et l'automne toujours, l'hiver jamais. Chez moi, tout le monde serait bien vêtu, bien portant et surtout bien content. On mangerait tant qu'on voudrait des friandises, sans en être malade ; on porterait de beaux habits toujours neufs et brillants. Je ferais bon visage à tout le monde ; car je serais très heureux ; et je ne voudrais pas que personne fût malheureux autour de moi, enfin ce serait beau... beau.... » Sa mère l'embrassa en disant : « Mon cher enfant, tu seras roi.... » Maurice leva la tête et regarda sa mère d'un air de doute. « Oui, tu seras roi, et d'un grand et beau royaume. Et ce qui est mieux, c'est que ce royaume durera toujours, c'est qu'il est encore plus beau que celui que tu faisais tout à l'heure comme dans un rêve. Me comprends-tu ? — Oui, maman, dit l'enfant après avoir réfléchi un instant. Le beau royaume dont vous parlez, c'est le royaume du ciel, et dès aujourd'hui je puis dire : Quand je serai roi, ce sera pour toujours et dans le plus beau de tous les royaumes en compagnie des anges et des saints. »

Le purgatoire.

Les âmes ne peuvent entrer dans le Paradis et voir Dieu, qui est la sainteté même, qu'après avoir été purifiées des moindres souillures. C'est dans les souffrances du purgatoire qu'elles achèvent de se purifier et de satisfaire à la justice divine, pour les fautes qu'elles ont commises sur la terre. Là, elles ne peuvent plus faire de bonnes œuvres, elles ne peuvent que gémir et souffrir. En priant pour elles, en faisant de bonnes œuvres à leur intention, nous leur rendons des services plus grands que tous ceux qu'il est possible de rendre ici-bas. Nous faisons une chose très agréable à Dieu, qui aime ces chères âmes, et les attend dans le ciel, où elles prieront pour nous dès qu'elles y seront entrées. Songeons bien qu'il y a là, dans ces souffrances terribles, ceux que nous avons connus et aimés, ceux qui nous ont aimés, nos père et mère, nos frères, nos sœurs, nos parents, nos amis.... Peut-être qu'ils souffrent par notre faute, que nous les avons portés au mal par notre mauvais exemple, à la colère par notre désobéissance. L'Église recommande de courtes prières que l'on peut dire souvent pour gagner en leur faveur des indulgences qui sont offertes à Dieu. Vous donnez un sou au pauvre, donnez une prière aux âmes souffrantes.

Réné est un bon petit garçon, soumis et obéissant. On ne lui reproche que de s'être laissé aller à faire comme d'autres qui sont méchants. Un jour qu'on lui avait défendu de sortir de la maison, parce qu'on voyait dans la rue de mauvais garçons, tout prêts à l'emmener n'importe où, il s'échappa et ne rentra que très tard. Le lendemain le garde-champêtre arriva, disant au père de Réné : « Des fruits ont été volés dans les jardins, et votre enfant était avec les voleurs. — Quoi, s'écria son père, tu voles et me déshonores ? Est-ce pour faire un voleur que je t'ai élevé et instruit ; as-tu si vite oublié mes avis et le commandement de Dieu qui te punira un jour, malheureux !... » Réné, effrayé et craignant d'aller en prison, oublia pourtant son inquiétude pour ne penser qu'à la douleur de son père. Il se jeta à ses pieds tout en larmes, et témoignant un vif regret de sa désobéissance. Son père lui montra combien il avait été coupable et lui infligea une punition sévère que sa mère voulut en vain adoucir. « Je veux subir ma punition pour faire plaisir à papa et aussi parce que je l'ai méritée, disait Réné. J'ai fait de la peine à mon père, qui est fort bon, et je veux m'en punir ; je veux lui obéir et ne pas lui montrer une figure maussade, qui lui ferait croire que j'ai de la mauvaise humeur, car je n'en ai pas. »

L'enfer.

Les malheureux qui sont en enfer, n'y sont que parce qu'ils l'ont voulu. Dieu leur a accordé ses grâces et ses bienfaits comme aux autres; ils ont été rachetés par le sang de Jésus-Christ et éclairés par le Saint-Esprit. Mais ils n'ont voulu écouter que leurs mauvaises passions, ils ont refusé de pratiquer la vertu pour se livrer au vice et faire le mal, sans aucun remords. Comme les démons, ils ont dit à Dieu : « Je n'obéirai pas, je veux être mon seul maître et agir comme il me plaît. » On les a vus partout et toujours travailler ardemment à tromper l'innocence, à perdre les âmes par de perfides conseils, de mauvais exemples, exciter le scandale dans les lieux saints, dans les livres, dans les images, dans les rues, etc. Et toutes les fois que la religion est venue au-devant d'eux pour les ramener à de meilleurs sentiments, ils l'ont insultée, ils ont détourné la tête avec orgueil et dédain. Dieu, qui veut le salut de toutes ses créatures, leur a envoyé de bonnes pensées qu'ils ont méprisées, des malheurs qui n'ont point attendri leur cœur endurci, et jusqu'à l'heure de la mort, on les a vainement priés de se réconcilier avec Dieu. Ils ont vécu et sont morts en ennemis de Dieu, ils sont allés souffrir dans la société des démons.

Un homme, ayant offensé son seigneur, fut exilé. Cependant le fils de ce seigneur demanda grâce pour le coupable et ses enfants, Théophile, Eugène et André. Alors il leur fut ordonné de se mettre en route dès le matin, et de marcher au plus vite pour arriver le soir à la demeure du seigneur, où il leur serait fait bon accueil. Théophile partit aussitôt, franchit courageusement les difficultés du chemin, supporta la chaleur et la pluie, soutenu par la joie de voir bientôt son bienfaiteur. Eugène le suivit quelque temps, mais, craignant la fatigue, il se reposa sous les frais ombrages, suivit les sentiers sinueux, s'amusa à cueillir quelques fleurs. Il arriva trop tard : le château était fermé, et il ne put, à son grand regret, qu'entendre les cris de joie et voir les splendides illuminations de l'intérieur. Il dut rester fort longtemps dehors, souffrant beaucoup et disant : « C'est ma faute ! » Il regretta amèrement sa mollesse et comprit combien son frère avait été plus sage. Cependant, celui-ci, joignant ses instances à celles du fils du seigneur, obtint sa grâce, et un jour il put entrer dans la joie de son maître. André se moqua de ses frères, disant qu'ils seraient trompés dans leur espoir et que Théophile surtout était bien ridicule de se donner tant de peine. Il se perdit. Telle est l'histoire des saints et celle des réprouvés.

La présence de Dieu.

« Dieu me voit ! » Voilà ce qu'il faut se rappeler, quand on se sent porté à une mauvaise action ; voilà ce qu'il faut se dire, quand le cœur manque de courage. « Dieu me voit ! » Voilà ce qui soutient dans toutes les peines, ce qui console dans tous les chagrins. Et voilà ce qui doit nous porter au bien, exciter notre ardeur au travail et aux pratiques de la vertu. Un grand général, présent au combat, inspirait un tel courage à ses guerriers, qu'ils volaient à la mort, contents qu'ils les eût vus se comporter en héros. Or, tous les chrétiens combattent sous le regard de Dieu, qui leur donnera en récompense, non une décoration, non une gloire de quelques jours, mais une gloire céleste et éternelle. C'est là ce qui a formé et encouragé les martyrs dans leurs souffrances, et les saints dans leurs travaux. Que ne ferait pas un enfant bien né pour plaire à ses parents et leur faire plaisir ! Et que ne doit pas faire un chrétien pour être agréable à Dieu, le meilleur des pères et dont la souveraine majesté a droit à tous nos hommages. « Marchez en ma présence, dit-il, et vous serez parfaits.... Soyez saints parce que je suis saint... et le Seigneur, votre Dieu. » N'oublions donc jamais la présence de Dieu, afin de nous sanctifier à tout moment.

Dès sa plus tendre enfance et durant le cours de sa vie si extraordinaire, Jeanne d'Arc ne perdit pas un instant le sentiment de la présence de Dieu. Elle priait sous les ombrages en gardant son troupeau, en s'occupant aux petits travaux de son âge. Sa jeunesse fut pure et fervente. Tendre et sensible comme un agneau, elle devient forte comme un lion quand sa vocation merveilleuse se révèle. Les vieux guerriers admirent son courage et l'armée découragée reprend confiance en la voyant. Elle écarte du camp toute corruption, et ceux qui ne savaient plus que blasphémer se remettent à prier. Elle montre, dans les camps, la piété d'une carmélite, soigne, avec la bonté d'une sœur de Charité, les soldats ennemis qui tombent près d'elle, et les exhorte à songer au salut de leur âme. Quand on la conduisait au supplice, elle ne cessait d'élever son cœur à Dieu ; elle allait courageusement à cette mort qu'elle avait prédite elle-même. Elle priait si dévotement, se lamentait avec tant de douceur, que les assistants ne pouvaient retenir leurs larmes. En approchant du bûcher, elle se mit à genoux, se recommanda à Dieu, à son ange, à ses patrons, et s'écria : « Jésus ! » Puis elle dit au prêtre : « Élevez la croix devant moi. » Un Anglais dit qu'il avait vu, au-dessus du bûcher, l'âme de cette sainte fille s'envoler vers le ciel.

La Providence.

Dieu a créé le monde, et il en prend soin comme une mère prend soin de son enfant et mieux encore. Notre-Seigneur nous apprend à lui demander notre pain quotidien, pour nous faire comprendre que, chaque jour, il s'occupe de ce qui nous est nécessaire. « Ne vous inquiétez point, dit-il; voyez les oiseaux du ciel : ils ne sèment ni ne moissonnent, et votre Père céleste les nourrit. N'êtes-vous pas beaucoup plus qu'eux? Considérez les lis des champs : ils ne travaillent ni ne filent. Et cependant je vous dis que Salomon, dans toute sa gloire, n'a jamais été vêtu comme l'un d'eux. Si donc Dieu habille ainsi l'herbe des champs, combien plus fera-t-il pour vous vêtir, hommes de peu de foi? Ne vous inquiétez donc point comme font les païens. Votre Père sait ce dont vous avez besoin. Cherchez avant tout le royaume de Dieu et sa justice, le reste vous sera donné par surcroît. Quel est celui d'entre vous qui donne une pierre à son enfant, quand il lui demande un pain? Votre Père céleste, qui vaut mieux que vous, fera-t-il moins? » Le chrétien ne doit donc rien craindre, en quelque danger qu'il se trouve, ni désespérer de l'assistance divine; mais plutôt se confier au Seigneur, qui est toujours prêt à nous venir en aide.

Les parents de Jacques Amyot étaient de pauvres gens chargés d'enfants. Le petit Jacques aurait bien voulu étudier, mais il fallait avant tout gagner sa vie. Un jour, sans en rien dire à ses parents, il voulut s'en aller à Paris où, lui avait-on dit, étaient les savants et les écoliers. Il partit de Melun à pied. Vers le soir, il tomba épuisé de fatigue et de faim. « C'est Dieu qui me punit, dit-il, je vais mourir ici. Mon Dieu, ayez pitié de moi; sainte Vierge, Mère du petit Jésus, priez pour moi. » Un voyageur qui passait en eut pitié, le prit en croupe sur son cheval et le déposa presque mourant dans un hospice à Orléans. Il y fut soigné par les religieuses et se rétablit. Une bonne Sœur lui remit douze sous, le recommanda à Dieu et lui promit d'écrire à sa mère pour la rassurer. Arrivé à Paris, il alla aussitôt sur le quai où abordaient les bateaux venant de Melun. Là, il reconnut un batelier qui lui remit un pain, en disant : « Ta mère t'en enverra un pareil chaque semaine, si tu travailles bien. » Il s'avançait dans la grande ville, ne sachant ou aller. La Providence vint à son aide. Une dame, ayant remarqué son air honnête et intelligent, le prit pour conduire son fils au collège. Par sa douceur et son obligeance, il devint l'ami de tous les écoliers. On lui permit d'entendre les cours, et il fit de tels progrès qu'il devint un illustre professeur.

La religion.

Voyez-vous ces fils télégraphiques, qui portent la parole jusqu'aux extrémités du monde? Ils relient les villes et les nations entre elles, et permettent d'échanger des communications, si éloignés qu'on soit les uns des autres. Eh bien, les liens religieux relient le ciel à la terre; et si on est émerveillé d'entendre la parole de quelqu'un de Paris à Bruxelles, il est encore plus admirable de savoir que la parole est entendue de la terre au ciel, par la pensée qui nous relie à Dieu, selon ce qu'exprime le mot religion. On dit quelquefois : « Cet homme a des qualités, malheureusement il n'a pas de religion, et il est à plaindre. » Pourquoi? Parce que celui qui n'a pas de rapports avec Dieu ne peut pas bien vivre. Il ressemble en quelques points aux animaux, qui ne connaissent pas leur Créateur, ne lui rendent aucun témoignage, n'ayant reçu de lui aucun commandement, et ne vivant que pour la vie présente, cherchant sans cesse à satisfaire leurs appétits grossiers. Oui, celui qui n'a pas de religion vit comme une bête, mais celui qui en a beaucoup vit comme un ange. Il s'élève jusqu'à Dieu par la pensée, l'adore en esprit, lui parle dans son cœur, et il se débarrasse peu à peu des appétits grossiers, pour qu'un jour son âme monte au Ciel purifiée.

Les persécuteurs voulaient contraindre les chrétiens à adorer les idoles. « Qui vous a appris, disaient-ils, ce que vous racontez d'un Dieu en trois personnes, du Fils rédempteur, et mille choses que nos dieux n'ont point dites aux hommes? — C'est Dieu lui-même, répondaient les chrétiens, qui nous a instruits par son divin Fils, lequel s'est fait homme, nous a parlé et nous parle encore par son Église. De sorte que nous restons en communication avec lui par le secours de son Esprit-Saint. — Voilà donc pourquoi, s'écria l'un des tyrans, vous méprisez nos dieux; je veux savoir ce que vous enseignez à vos enfants sur ce sujet. » Il fit amener un enfant et lui dit: « Parle sans crainte; que penses-tu du divin Jupiter et de nos divins empereurs? — Vos dieux, répondit l'enfant, ne sont que des idoles de pierre ou de bois, pour lesquelles je n'ai que du mépris. Je n'adore que le Dieu Très-Haut, qui m'a fait la grâce de le connaître, et qui me recevra un jour dans sa gloire. » Ce saint et généreux enfant fut aussitôt envoyé au martyre avec ses parents, et traité sans pitié. Il supporta tous les tourments avec un courage au-dessus de son âge, il était évident que Dieu l'aidait et le soutenait. Les personnes présentes ne pouvaient s'empêcher de verser des larmes d'attendrissement et d'admiration en voyant un faible enfant subir pareil supplice.

Le jour du Seigneur.

Ceux qui travaillent le dimanche ne s'enrichissent guère. Le bien mal acquis ne profite pas. Dieu s'est réservé le septième jour : nous ne devons pas le lui prendre pour contenter notre avarice et amasser des biens qui attireront le malheur sur nous, pour nous châtier. Dieu nous a tout donné : la vie, la santé, les biens de ce monde, et il nous en donnera de plus grands dans l'éternité. N'est-ce pas une indignité et une lâche ingratitude de s'occuper de travaux divers et de se livrer à des amusements, au lieu d'aller dans son temple, là où il demeure au milieu de nous, le bénir, le louer et le remercier de ses bienfaits! Combien de gens ne trouvent pas une heure pour aller à la messe, et qui passeront les trois quarts de la journée à table ou au jeu! Quel oubli, quel mépris des droits de Dieu! Il en est qui disent : « Bah! ceux qui travaillent le dimanche ne s'en portent pas plus mal. » Ce n'est pas vrai : ils travaillent le dimanche, passent la journée du lundi au cabaret, et se ruinent le corps et l'âme. Quand même les violateurs de la loi de Dieu seraient heureux ici-bas, n'ont-ils pas à craindre les châtiments éternels? Et si Dieu leur accorde les biens de la terre, ne leur refusera-t-il pas un jour ceux du ciel qu'ils n'ont pas cherchés?

Le saint curé d'Ars disait : « Si on demandait à ceux qui travaillent le dimanche : Que venez-vous faire ici ? Ils pourraient répondre : Je viens vendre mon âme au démon, crucifier Notre-Seigneur et renoncer à mon baptême. Quand j'en vois qui charrient le dimanche, je pense qu'ils charrient leur âme. J'ai connu une femme qui était venue trouver son curé, pour lui demander de ramasser ses foins le dimanche. « Mais ce n'est pas nécessaire, lui dit le curé ; votre foin ne court aucun risque. » Elle tenait à son idée, et insistait en disant : « Voulez-vous donc que je laisse perdre ma récolte ? » Or voici ce qui arriva, et à quoi elle aurait dû penser avant tout. Ce fut elle qui mourut le soir même. Elle était donc plus en danger que sa récolte, et son âme méritait plus d'attention qu'une voiture de foin. Il ajoutait : « Que vous revient-il d'avoir travaillé le dimanche ? Vous laissez bien la terre telle qu'elle est quand vous vous en allez ; vous n'emportez rien. Le dimanche, c'est le jour du bon Dieu : c'est son jour à lui, le jour du Seigneur... il se l'est réservé. De quel droit touchez-vous à ce qui ne vous appartient pas ? Ne savez-vous pas que le bien volé ne profite jamais. Comment voulez-vous que vos récoltes prospèrent si vous y travaillez malgré l'ordre de Dieu ? Prenez garde que ces biens n'attirent la malédiction sur vous ! »

La prière.

« Demandez et vous recevrez, cherchez et vous trouverez, frappez et l'on vous ouvrira, » dit Notre-Seigneur, nous faisant comprendre par ces paroles, que pour obtenir il faut demander, et que si l'on demande on obtiendra. Celui qui ne demande rien, n'aura rien, mais celui qui demande recevra. Demandez donc par la prière ce dont vous avez besoin. Dieu sait bien ce qu'il vous faut, mais, pour vous le donner, il veut que vous preniez la peine de le demander. Et pour nous y encourager Notre-Seigneur, ajoute : « Tout ce que vous demanderez à mon Père en mon nom, il vous l'accordera. » Demandez donc; et si Dieu ne vous accorde pas ce que vous demandez, c'est pour vous donner mieux. La prière est un élan de l'âme vers le ciel; c'est une conversation avec Dieu, les anges et les saints. C'est la consolation de ceux qui souffrent, c'est dans la prière que les pauvres et les malheureux retrouvent l'espérance, qui les soutient et affermit leur courage. — Elle est nécessaire à notre salut : « Celui qui prie se sauve, disent les saints; celui qui ne prie pas se damne. » Il faut prier pour ne point tomber dans le mal, prier pour n'être pas surpris par la mort. Il faut prier sans cesse et ne pas se lasser de prier, dit l'Évangile.

Un bon petit garçon, ayant entendu dire que Jésus est au tabernacle de l'autel, aussi réellement qu'il est au ciel, toujours prêt à nous écouter et à nous exaucer, accourt à l'église un jour que son père avait désobéi aux commandements de Dieu. Il tend ses petits bras vers le tabernacle, monte sur l'autel et prie pour son père. Mais, voulant être sûr de l'effet de sa prière, il frappe de sa petite main à la porte du saint lieu en disant : « Petit Jésus, es-tu là?... Réponds-moi, je sais que tu es là, on me l'a dit. O cher petit Jésus! je t'aime, dis-moi que tu m'aimes. » Alors l'enfant crut entendre Jésus lui répondre : « Je t'aime. » Devenu plus hardi, il ajoute : « Mon papa ne vit pas bien, convertis-le, ô Jésus. » Et il partit plein de confiance. Dieu ne pouvait manquer d'exaucer cette naïve prière, et le charmant enfant eut la joie de voir son père se convertir et devenir meilleur.

Oui, Jésus est là dans la sainte hostie, il nous écoute, il nous voit, il se donne à nous, pour demeurer avec nous, si nous lui sommes fidèles. Un homme, peu instruit mais pieux et bon, passait devant le Très Saint Sacrement presque tout le temps dont il pouvait disposer. On lui en demanda la raison, il répondit : « Je le regarde et je suis heureux de penser qu'il me regarde aussi. » Allons donc souvent saluer Jésus au tabernacle.

La piété.

Il y a de bons petits enfants qui ont le cœur tendre et aimant. Ils font avec bonne volonté tout ce que désirent leurs parents. Cette obéissance ne leur coûte pas, elle leur est même agréable, par la joie qu'ils éprouvent à contenter ceux qu'ils aiment. « Je voudrais bien jouer encore ici avec vous quelque temps, puisqu'on me l'a permis, disait une bonne petite fille à ses amies, mais maman est malade, et je sais qu'en allant lui tenir compagnie, je lui ferai plaisir. » Une autre, restée seule avec son père, qui avait perdu sa fortune, ne voulut pas laisser entrer ce malheureux à l'hospice des pauvres, disant : « Mon père a besoin de mon affection plus encore que de mon travail, je veux qu'il jouisse de l'une et de l'autre : il est si malheureux d'avoir perdu ma mère, et de m'avoir laissée dans l'indigence! » Et la brave enfant travaillait le jour et une partie de la nuit, sans songer à elle, mais heureuse du contentement qu'elle donnait à son père. Voilà la piété filiale. La piété envers Dieu nous porte également à faire sa volonté, bien plus en vue de lui être agréable que d'échapper au châtiment. Il y a dans les âmes pieuses plus d'amour que de crainte, et Dieu les aime d'un amour infini à cause de leur bonne volonté.

Saint Louis de Gonzague apprit sur les genoux de sa pieuse mère à faire le signe de la croix, et les premiers mots qu'il prononça furent ceux de Jésus et de Marie. Par ses paroles et ses exemples, sa mère lui inspira de bonne heure l'amour de Dieu et l'horreur du péché. Dès l'âge le plus tendre, il s'en allait volontiers seul, dans un petit oratoire, prier avec ferveur. Durant ses études, il montra toujours une piété angélique et vécut dans une telle innocence qu'on le regardait déjà comme un saint. Son père, qui le destinait à la carrière militaire, le conduisit à la cour; et là, il resta sage et pieux, au milieu du luxe et des divertissements frivoles. Ayant désiré se consacrer à Dieu entièrement, il alla à Rome et entra chez les Jésuites. Il y fut le modèle de toutes les vertus. Tous ceux qui l'ont connu durant sa vie, ont déclaré après sa mort qu'il n'avait certainement jamais commis un seul péché mortel, et qu'il s'en était allé au ciel avec sa robe d'innocence. Il s'était toujours montré dévôt à la sainte Vierge, qui lui obtint des grâces signalées. Il mourut plein de joie durant l'octave de la Fête-Dieu. De nombreux miracles, qui eurent lieu près de son tombeau, le firent mettre au rang des saints. Et ses vertus lui ont valu l'honneur d'être donné pour patron à la jeunesse. Imitez sa piété, mes enfants, et un jour vous partagerez sa gloire.

Le beau nom de chrétien.

Un chrétien est un homme qui ne rougit pas d'appartenir à Jésus-Christ, et qui se montre heureux et fier d'un si beau nom. Il s'efforce de s'en rendre digne en imitant son maître et son chef. Comme Jésus-Christ, il est doux et humble de cœur, toujours prêt à se dévouer, aimant et pratiquant le bien, détestant le mal et donnant partout le bon exemple. Un chrétien qui vit et qui parle comme ceux qui ne connaissent pas Dieu est la honte du nom chrétien; c'est un fils indigne de son père, qui est Dieu, indigne de sa mère, qui est l'Église et l'a reçu au baptême. Un souverain avait distribué à ses serviteurs et à ses sujets préférés des insignes et des décorations. Mais eux, loin d'estimer ces marques de distinction et de montrer en toute occasion qu'ils étaient heureux et fiers d'appartenir à la cour de ce souverain, les cachaient quand ils paraissaient en public. Le prince, indigné d'une telle conduite, les chassa de sa présence et ne voulut plus les voir. Il faut convenir que ce châtiment était justement mérité, et reconnaître que Dieu nous traitera de même, si nous sommes assez ingrats pour rougir des grâces qu'il nous a faites. Donc, pas de respect humain. Ne cachons pas notre foi et sachons parler à propos quand on l'insulte.

Blanche de Castille éleva le roi saint Louis dans la foi et la piété, et elle forma ainsi un grand prince et un illustre saint. Elle lui disait bien souvent : « Mon enfant, Dieu sait quelle est ma tendresse pour vous, cependant j'aimerais mieux vous voir mort à mes pieds que coupable d'un péché mortel. » Une autre digne mère disait à son enfant qu'elle tenait embrassé sur son cœur : « Sois fier d'être chrétien, aime bien Notre-Seigneur Jésus-Christ. Regarde la croix et songe à Celui qui s'y est laissé attacher par amour pour nous! Pose tes lèvres sur ses mains et sur ses pieds percés de clous, sur sa tête couronnée d'épines, sur son cœur où le fer de la lance a pénétré. Dis-lui que tu lui seras toujours fidèle; jure-lui, mon fils, de mourir plutôt que de le trahir; jure à ta mère de le défendre, quand il sera attaqué par les méchants et les impies! Ne rougis jamais de te montrer chrétien; il y a trop de lâches qui semblent avoir honte d'appartenir à Jésus-Christ. Souviens-toi toujours qu'il a dit : « Je rougirai devant mon Père de ceux qui auront rougi de moi » Sois toujours le soldat du Christ-Roi, et sois prêt à verser ton sang pour lui. »

Saint Louis était plus fier de son titre de chrétien que de son titre de roi. En l'honneur de son baptême, qu'il avait reçu à Poissy, il signait volontiers : Louis de Poissy.

La foi.

Un jeune paysan, qui n'était jamais sorti de son village, ne voulait rien croire des choses merveilleuses qu'il entendait raconter sur les villes. « Moi, disait-il avec un certain orgueil, je ne crois que ce que je vois. » Quelqu'un lui dit : « Vous n'avez jamais vu l'Amérique, cependant il faut bien convenir qu'elle existe. Vous n'avez jamais vu le roi Charlemagne, oseriez-vous dire que sa vie est un conte inventé par les historiens? Eh bien! il en est de même de Notre-Seigneur, qui est venu en Judée, il y a plus de dix-huit cents ans, à une époque où vivaient des historiens, qui ont parlé de ce qu'il a dit et fait, comme ils ont raconté les choses faites par les hommes de ce temps-là. Nier l'histoire de Jésus en Judée serait aussi sot que de nier l'histoire de Napoléon. » Le jeune paysan niait les choses de la ville, parce qu'il ne les connaissait pas; de même les impies et les ignorants nient les choses de la foi, parce qu'ils ne les connaissent pas. Mais les chrétiens instruits savent toutes les merveilles que Dieu a opérées en notre faveur; dans leurs pensées et du fond de leur cœur, ils s'entretiennent avec lui, ils lui confient leurs peines et leurs espérances et vivent dans l'attente de ses promesses; ils croient et ils espèrent en lui.

Sainte Thérèse, qui devint une très grande sainte, montra dès son enfance une foi très vive. A peine savait-elle lire, que son jeune cœur s'enflammait à la lecture de la vie des saints, et brûlait déjà d'une ardeur toute sainte. « Quoi! disait-elle à son jeune frère Rodrigue, les martyrs verront Dieu toujours, toujours!... Écoute, mon petit frère, les Maures ont fait en Espagne beaucoup de martyrs, allons dans leur pays nous faire martyriser aussi, nous jouirons du bonheur du ciel. » Et les voilà qui se mettent en route se tenant par la main. Ils étaient déjà à une demi-heure d'Avila lorsqu'ils furent rencontrés par leur oncle, qui les gronda sur leur imprudence et les ramena à la maison. N'ayant pas réussi à se faire martyriser, ils songèrent à se faire ermites, et se mirent à bâtir un ermitage dans le jardin de la maison. Mais le vent renversait les frêles édifices, et la jeune sainte, qui n'avait pas encore sept ans, s'écriait toute découragée : « Nos désirs ne pourront donc jamais s'accomplir! » Ayant perdu sa mère à l'âge de douze ans, elle alla se jeter aux pieds de la sainte Vierge et la supplia de l'accepter pour sa fille, l'assurant qu'elle la regarderait toujours comme sa mère. Elle comprenait déjà la rapidité de la vie, le néant des choses de ce monde, et à dix-huit ans elle prit le voile des vierges du Carmel à Avila.

L'espérance.

C'est l'espérance chrétienne qui soutient les fidèles dans toutes les peines de la vie. Que de personnes souffrent de la maladie ou de la misère ! Voyez ce pauvre homme, il n'a que son travail pour faire vivre sa famille ; cette pauvre veuve, elle n'a que l'assistance des cœurs bienfaisants pour elle et ses enfants ; elle ne sait si elle aura le pain du lendemain. Cependant ces pauvres gens ne se découragent pas : ils savent que Dieu les voit, qu'il les attend dans une vie meilleure, et l'espérance les soutient. Quelle sera donc la consolation de ceux qui ont perdu enfants, parents, tout ce qu'ils aimaient ici-bas? L'espérance ; ils savent qu'ils les retrouveront dans la joie du paradis. Qui soutenait les martyrs durant leur supplice? L'espérance de voir Dieu. Lors de la dernière persécution en Chine, les païens, entrant dans une maison, disent à une femme : « Il faut renoncer au Christ ou mourir ! — Jamais, dit-elle. — Alors de quelle mort veux-tu mourir? — Mon Dieu, reprit-elle, a laissé aux Juifs le choix de son supplice, je ferai de même. » On décide de l'enterrer vivante. En attendant, elle priait tout haut. « C'est assez de prières, lui dit-on, mets-toi dans le cercueil. » Elle s'y étendit, sans faire entendre une plainte.

Sainte Félicité était une veuve de famille illustre ; et ses enfants pouvaient parvenir aux premières dignités de l'empire, s'ils renonçaient à la foi en Jésus-Christ. Mais ils refusèrent. On les menaça de mort. Leur mère répondit : « Vos menaces ne nous ôteront pas l'espérance en Dieu, qui nous soutiendra dans les tourments, et nous recevra dans la gloire, s'il permet que vous nous ôtiez la vie. » Puis, s'adressant à ses enfants, elle leur dit : « Regardez en haut : c'est là que Jésus-Christ vous attend avec ses saints, demeurez fermes dans son amour et combattez pour vos âmes. » Ses sept enfants furent appelés l'un après l'autre ; on chercha à les séduire par des promesses, à les effrayer par des menaces, ils résistèrent courageusement et firent tous des réponses pleines de foi et d'une fierté toute chrétienne. On avait espéré que les plus jeunes faibliraient à la vue des supplices, mais ils répondirent courageusement : « Nous sommes serviteurs de Jésus-Christ, nous le confessons de bouche, nous le possédons dans notre cœur et nous l'adorons sans cesse ; il est notre espérance et notre force, il sera notre récompense. » Le plus jeune dit au bourreau : « Craignez la juste colère de Dieu sur vous et sur vos idoles. » On les fit périr dans divers supplices, et pas un ne faiblit devant la mort, tous reçurent la couronne du martyre.

La charité.

La première de toutes les vertus, c'est la charité, qui est l'amour de Dieu et du prochain. Quand on aime Dieu, on le sert de tout son cœur et on craint de l'offenser. La meilleure manière de lui prouver qu'on l'aime c'est d'observer ses commandements. « Ce ne sont pas ceux qui disent Seigneur, Seigneur, qui entreront dans le ciel, mais ceux qui font la volonté de mon Père qui est dans le ciel, » dit Jésus-Christ. A quoi me servira de paraître un honnête homme et de dire : Je crois en Dieu, je ne suis pas un impie ; si je n'observe que les commandements qu'il me plaît d'observer? Faudra-t-il que Dieu, comme font les parents faibles, ne m'ordonne que ce qu'il me plaît de faire? Ce serait indigne de son autorité souveraine et trois fois sainte. Ceux qui se font un Dieu à leur façon sauront un jour quel maître ils ont outragé. — Quand on aime le prochain, on n'en dit pas de mal, on ne lui fait aucun tort, et on lui fait tout le bien que l'on peut. Il ne faut pas avoir deux poids et deux mesures, une pour les autres et une pour soi. Si je dis que j'aime mon prochain et que je lui fasse tort dans ses biens ou dans sa réputation, je suis un menteur, et si je dis que j'aime Dieu, quand je fais tort à mon prochain, je suis encore un menteur.

Une faute grave avait été commise dans un collège. Le coupable effrayé n'osa pas se faire connaître. Or il arriva qu'un enfant méchant fit porter les soupçons sur un bon élève dont il était jaloux. Celui-ci, regardé comme coupable, fut condamné à faire dix fois le tour de la cour, devant tous les élèves, et portant sur son dos cette inscription : « Mauvais sujet. » Cet enfant, qui est devenu depuis lors un saint religieux, ne dit pas un mot pour se défendre : il avait deviné le vrai coupable et en avait eu pitié. Il se laissa donc attacher l'écriteau déshonorant et subit la punition, courbant la tête sous le mépris de ses camarades ; les uns affligés, parce qu'ils l'aimaient et l'estimaient ; les autres charmés de voir ainsi humilier un élève, qu'on leur avait souvent proposé comme modèle. Cependant, le vrai coupable, tourmenté par le remords, s'en alla avouer la vérité au supérieur de la maison, qui aussitôt fit appeler l'élève puni. « Pourquoi, lui dit-il, étant innocent, avez-vous accepté d'être puni ? — L'embarras du coupable, répondit l'excellent enfant, me faisait peine, je pensai qu'il en deviendrait malade. Alors, prenant courage, je me dis que Notre-Seigneur, qui était l'innocence même, a bien accepté le mépris des hommes, et qu'en acceptant celui de mes camarades, j'aurais le bonheur de l'imiter et de lui être agréable. »

Le corps et l'âme.

L'âme est faite à l'image de Dieu : elle pense, elle connaît, elle sait, elle comprend, elle distingue le bien du mal. Il y a en elle une lumière qui lui fait voir ce qui est permis et ce qui est défendu. Un enfant frappe, vole, injurie quelqu'un : Quand tous ses camarades lui diraient : « Tu as bien fait, » il n'en croirait rien ; car il sent en lui-même, il entend la voix de sa conscience, qui lui dit : « C'est mal, tu as eu tort, cela n'est pas permis, Dieu le défend. » C'est l'âme qui nous distingue des bêtes. Demandez à l'animal le plus intelligent de respecter le bien d'autrui ; il ne peut ni comprendre, ni obéir. Cependant notre corps, qui est la demeure et le compagnon de notre âme, se rapproche des animaux par ses appétits et ses besoins ; comme les bêtes, il doit manger et dormir. Mais si l'âme le laisse agir librement, il l'abaisse et l'avilit ; le besoin de se nourrir amène la gourmandise et l'ivrognerie, le besoin de dormir amène la paresse et toutes sortes de vices, qui rendent l'homme méprisable, parce qu'il se ravale au rang des animaux. N'oublions donc jamais notre dignité de créatures faites à l'image de Dieu. Le corps est sous la dépendance de l'âme, qui doit le dominer, le conduire et mettre un frein à ses tendances mauvaises.

Un jeune paysan, insouciant et à moitié endormi sur sa monture, s'en allait à la ville. Quelqu'un lui dit, en se moquant : « Est-ce toi qui conduis la bête, ou bien n'est-ce pas la bête qui te conduit? — Bah, bah! répondit-il, sans se déranger ni s'émouvoir, mon bidet sait le chemin, nous arriverons. » Or la monture, se sentant la bride sur le cou, s'en alla à travers les champs broutter à sa fantaisie, perdit le bon chemin et s'enfonça dans un précipice. Le paysan fut ramené chez lui tout éclopé et repentant. Son père lui dit : « A quoi pensais-tu? Si tu avais songé à guider l'animal, à lui imposer le frein, comme tu le devais, au lieu de te laisser conduire par lui n'importe où, tu ne serais pas là, sur ton lit. Souviens-toi dorénavant que c'est l'esprit qui doit commander et non la bête. » Tous les étourdis qui vont de droite et de gauche, cédant au premier mouvement sans réflexion aucune, ressemblent à ce paysan. Voilà pourquoi on doit exiger des enfants que, dès leur jeunesse, l'âme gouverne le corps. Un enfant vole des friandises; si on en rit et qu'on le laisse faire, plus tard il volera de l'argent pour trouver moyen de satisfaire ses appétits; si on le laisse débiter des sottises, il dira bientôt des inconvenances, etc. Trop familier, il deviendra impertinent; trop à l'aise, il sera vite grossier; trop choyé, il deviendra vicieux, etc.

Le péché.

J'assistais, il y a quelques années, à l'arrivée d'un dignitaire fort respectable, mais ayant un visage dépourvu de beauté. Une femme s'écria : « Oh ! voyez donc, qu'il est laid ! » Le personnage se retourna gravement et répondit : « Beaucoup moins que le péché, ma bonne femme. » Le péché est en effet ce qu'il y a de plus laid au monde. N'est-ce pas le péché qui a rempli la terre de souffrances, de misère et de crimes ? N'est-ce pas le péché qui a causé la passion et la mort de Notre-Seigneur ? Le péché, qui ne porte avec lui que honte et souillure, n'est-il pas abominable devant le Dieu trois fois saint ? Qui donc a commis le premier péché, qui donc est le père et l'ami du péché ? Le démon, le damné, le révolté puni, qui travaille sans cesse à empoisonner les âmes de son venin, de sa méchanceté. On a appelé justement les sept péchés capitaux, les sept forteresses du diable : car c'est là qu'il domine et réduit à la servitude les orgueilleux, qu'il exalte jusqu'à la folie ; les avares, dont il achète l'âme au prix d'un vil métal ; les amateurs de plaisir, qu'il transforme en bêtes ; les gourmands, qu'il avilit ; les violents, qu'il pousse à la révolte ; les paresseux, qu'il dégrade. Séduits et trompés, tous sont devenus ses esclaves.

Un Espagnol, surpris par un de ces orages terribles qui ont lieu aux environs des tropiques, se réfugia dans une caverne. Quand les éclats du tonnerre eurent cessé, il entendit avec effroi, comme un bruit de cailloux, qu'il reconnut aussitôt pour celui que font les serpents à sonnettes. Saisi d'effroi il regarde et distingue, à la lueur des éclairs, quantité de ces animaux redoutables, dont la plus légère morsure amène une mort prompt et inévitable. Il voit leurs yeux étinceler dans les ténèbres, à mesure qu'ils se réveillent de l'engourdissement où l'orage les avait plongés. Les uns se traînent vers l'entrée de la grotte, d'autres s'agitent d'une manière inquiétante. Le malheureux terrifié reste immobile, il n'ose remuer. Que va-t-il faire?... Le moindre de ses mouvements attirera l'attention de ces dangereux reptiles... il les voit déjà s'élancer sur lui comme un trait, il est perdu. « Dieu seul peut me tirer de là, se dit-il au fond de son âme : Pitié, Seigneur! » Puis faisant un effort de volonté, il se dit : « Les serpents sont encore effrayés, je ne dois pas attendre qu'ils reprennent leur assurance. » Et sans plus tarder, il se lève, regarde où il pose les pieds et sort de là pâle comme la mort, mais le cœur plein de joie. Plus grande encore est la joie du pécheur, qui échappe aux étreintes du péché.

La conscience.

Justin a fait depuis peu la connaissance de quelques jeunes vagabonds, qu'il a imités dans leurs méfaits. D'abord, il a trouvé fort gaie la société de pareils camarades. Un jour, le voisin ayant ensemencé tout un champ, avait enfermé ses poules pour préserver son semis de leurs ravages. Les mauvais garnements passent par là, ouvrent le poulailler, et en quelques heures le semis était dévasté. C'était beaucoup de travail et de temps perdus. Mais c'était si drôle de voir le dépit du pauvre homme, maudissant ses poules !... Une autre fois, ils passent près d'un jeune cerisier, dont les fruits mûrs les tentent, et ils le dépouillent de sa récolte. Quelle bonne farce !... Cependant Justin apprend que les fruits de cet arbre étaient réservés pour un enfant malade, à qui on les apportait chaque jour, à mesure qu'ils mûrissaient. Justin regarde au dedans de lui-même, et une lumière divine lui fait voir que ces bonnes farces sont de mauvaises actions. A la même lumière, il comprend encore que des choses honteuses, qu'il a vu faire par les garnements, sont abominables devant Dieu ; il recommence à consulter sa conscience, qui lui dit : c'est mal, très mal ; ils t'ont trompé. Alors il se retrouve sur la route du bien et du salut.

Sous la ville de Rome, existent des carrières profondes et ténébreuses. Ce sont les catacombes, dans lesquelles les premiers chrétiens se cachaient pour échapper à la persécution, et célébrer les saints mystères. Un jeune voyageur voulut visiter ces lieux vénérés, où beaucoup de martyrs furent ensevelis. Pour se retrouver à travers ces mille détours, et dans ces ténèbres épaisses, il prit d'une main un fil, dont il attacha le bout près de l'entrée ; et de l'autre une lampe. Tout entier à l'admiration des choses qu'il voyait, des inscriptions qu'il lisait, il oublia les heures et s'aperçut tout à coup avec effroi que sa lampe était près de s'éteindre. Vite, il revient sur ses pas, mais déjà il est dans l'obscurité la plus profonde ; et pour comble de malheur, dans son trouble, il a laissé tomber le fil qui doit guider son retour.... Qu'on juge de son épouvante !... Faut-il donc qu'il meure là de faim et de frayeur... enseveli tout vivant.... Quelle horreur !... Il crie, il gémit, mais nul ne peut l'entendre dans ces profondeurs.... Durant de longues heures il cherche en vain ce fil perdu, et désespéré, il se recommande à Dieu et à son ange gardien.... Il s'étend sur la pierre, pour y mourir, lorsque sa main se pose sur le fil si désiré. Alors, le cœur plein de joie et de reconnaissance, il suit dans les ténèbres et pas à pas ce fil sauveur, et enfin revoit la lumière du jour.

Le remords.

Dieu, qui a placé dans l'esprit de l'homme, la lumière de la conscience, pour le guider sur la route du bien, a mis aussi, dans le cœur du coupable, le remords, pour l'arracher au mal. Le méchant n'a pas de repos : il est jour et nuit tourmenté par le remords. Le souvenir du crime pèse tant au criminel, qu'il vient d'ordinaire s'accuser lui-même, soit devant ses amis par des confidences imprudentes, soit devant la justice à laquelle il vient demander condamnation et expiation, ne pouvant plus porter un secret, qui le torture. Ainsi sont révélés beaucoup de crimes, qui seraient restés impunis. La miséricorde de Dieu le permet, pour que ceux qui sont dans le mal n'y restent pas; et que ceux qui ont des crimes à expier, se livrent à la justice des hommes, beaucoup moins redoutable, que la justice divine, qui doit s'exercer dans l'éternité. Un homme vicieux se fit un malin plaisir de porter un jeune homme à une action criminelle. Ce dernier fut si désolé de ce qu'il avait fait qu'il en devint malade; une fièvre terrible l'ayant saisi, il en mourut. L'auteur de sa perte comprit alors combien il était coupable; et fut dévoré par le remords jusqu'au jour, où il se décida à en faire une pénitence exemplaire.

Je voyageais avec un ami dans les Pyrénées. Un soir que nous nous étions égarés, nous aperçûmes une lumière dans un antre creusé au flanc de la montagne. Nous eûmes quelque peine à en approcher et nous n'étions pas sans inquiétude : n'était-ce point là le repaire de quelques brigands? Mais le temps était mauvais, la nuit était venue : en continuant de marcher, nous pouvions tomber dans un précipice ou devenir la proie des bêtes sauvages. Nous frappons à la porte; un homme se présente, tête nue, longue barbe et portant un chapelet à la main. Son aspect bienveillant nous rassure, et il nous offre quelques mets grossiers. Notre hôte, qui nous rappelait les solitaires de la Thébaïde, nous raconta qu'il s'était retiré en ce désert pour se livrer aux pratiques de la pénitence. « J'ai longtemps mené une vie criminelle, nous dit-il, et, tout en courant sans cesse après de nouveaux plaisirs, j'étais malheureux. Je portais sur la conscience un poids énorme, j'étais dévoré de remords, alors qu'on me voyait rire et chanter. Un ancien ami d'enfance, qui était prêtre, vint me voir un jour; et là, dans l'intimité, je déchargeai mon cœur en lui racontant ma vie. Alors il me dit : « Mon pauvre garçon, mets-toi à genoux; ce que tu as dit à ton ami, dis-le maintenant au prêtre et promets à Dieu de vivre autrement, il te pardonnera.»

La volonté.

La conscience nous éclaire sur ce que nous devons faire, pour suivre la voie du bien et nous détourner de celle du mal. Mais il ne suffit pas de savoir distinguer ce qui est bien de ce qui est mauvais; il faut avoir la volonté d'agir et agir fermement; car il est souvent difficile de résister au mal et d'accomplir le bien. A quoi servirait de savoir ce qu'il faut faire, si on ne le faisait pas? Si nous prions Dieu de nous aider, il n'y manquera pas; mais il faut, de notre côté, faire ce que nous pouvons. Il y a quelques années, une avalanche couvrit tout le versant d'une montagne de la Suisse. Un paysan, en revenant à sa demeure, ne vit plus devant lui qu'une vaste étendue de neiges accumulées. « Quoi! s'écrie-t-il, c'est là-dessous que sont ma femme et mes enfants!... Sont-ils encore vivants?... » Il tombe à genoux, implore l'aide de Dieu et crie au secours, mais tout semble inutile. Durant trois jours on vint l'aider; or comment enlever tant de neige et de quel côté chercher?... Lui seul ne se décourage pas; il travaille le jour, travaille la nuit. Enfin, pendant la troisième nuit, un coup de sa pioche lui découvre la cheminée de son chalet, et, grâce à sa persévérance, il a enfin la joie d'entendre la voix de sa femme et de ses enfants.

CHARLES XII, s'étant enivré, manqua de respect à la reine son aïeule. Le lendemain, reconnaissant sa faute, il dit à cette princesse : « Madame, je viens vous prier de me pardonner les torts que j'ai eus hier à votre égard, et vous déclarer que, pour ne plus retomber dans une pareille faute, je ne boirai plus de vin désormais. » Il tint parole, et fit de grandes choses dans le cours de sa vie, grâce à une volonté des plus énergiques. Saint François de Sales était naturellement porté à la vivacité et à la colère. Mais par une volonté que soutenait la grâce de Dieu, il devint le plus doux et le plus patient des hommes de son temps. Un maladroit ayant laissé tomber un baromètre qui fut brisé, le saint se contenta de dire en riant : « Jamais mon baromètre n'est descendu si bas. » C'est par l'énergie de la volonté, soutenue de la grâce, que tous les saints ont réussi à se corriger de leurs défauts, à dompter leurs passions, à devenir des hommes parfaits. Ceux qui étaient portés vers l'orgueil s'humiliaient profondément; ceux qui sentaient en eux l'attrait des plaisirs, s'imposaient de rudes pénitences. Saint Ignace blessé et condamné au repos, lut la *Vie des Saints*. Plein d'admiration il s'écria : « Et pourquoi ne ferai-je pas ce qu'ils ont fait? » Aussitôt guéri, il se mit à l'œuvre, et d'un soldat licencieux, il devint un modèle d'austérité.

La confession.

Il y a des enfants qui ont peur de la confession ; cependant un bon fils craint-il d'avouer ses torts à son père, une bonne fille ne confie-t-elle pas ses secrets à sa mère ? A qui déclare-t-on ses fautes au confessionnal ? A Dieu, le meilleur de tous les pères, à Dieu qui nous aime mieux que la plus tendre des mères. Ce n'est point un homme qui nous entend, c'est un ministre de miséricorde, chargé de recevoir la confession, et d'accorder le pardon, que nul autre ne saurait donner. Ah ! mes enfants, vous comprendrez un jour tout ce qu'il y a de consolant dans cette réconciliation avec Dieu. L'Église, en nous imposant la confession annuelle, selon la volonté de Notre-Seigneur, est allée au-devant d'un des plus grands besoins de notre cœur. Les âmes fidèles y trouvent un soutien et une paix incomparables, les coupables y trouvent la délivrance. On entend des impies dire : « Moi, je ne me confesse qu'à Dieu seul. » Ce sont là des propos de menteur. Ceux qui disent de telles choses ne se confessent d'aucune façon, parce qu'ils ne veulent pas se corriger. Un père a deux fils qui l'ont offensé : l'un fait l'aveu de ses torts ; l'autre point. Lequel des deux recevra le pardon ? Le premier seul, l'autre ne mérite que châtiment.

Un chasseur de vipères, rentré tard à sa demeure, laissa au fond d'un sac, dans un coin de sa chambre, quantité de ces dangereux reptiles, et alla se mettre au lit. Durant la nuit, pendant qu'il sommeillait, les vipères sortirent hors du sac par un trou qu'il n'avait pas vu et se promenèrent dans la chambre. Ces animaux aiment la chaleur; on les rencontre en France dans les climats chauds et doux, se tenant au soleil parmi les feuilles et les herbes séchées le long des bois et des fossés. Attirées par la chaleur du lit, elles se glissèrent entre les draps et s'enroulèrent autour du dormeur. Éveillé tout à coup au contact glacial de ces animaux à sang froid, il fut saisi d'épouvante, mais ne bougea pas. Il savait par expérience que la vipère ne mord que quand elle est attaquée. Il resta donc immobile, et dit à quelqu'un de la maison d'apporter, dans sa chambre, une terrine pleine de lait chaud. L'odeur du lait attira les reptiles, qui en sont très friands; ils se dirigèrent vers la terrine, et s'y attablèrent. Le chasseur, délivré ainsi des liens redoutables qui l'enveloppaient, se hâta de quitter la place et fut désormais plus prudent. L'histoire de cet homme est celle du pécheur enlacé dans les liens du péché. Il lui faut du courage pour s'en affranchir; mais une fois qu'il en est délivré, il se sent bien heureux.

La communion.

Voici la merveille des bontés de Dieu! Le Créateur et Roi de l'univers a voulu se donner à nous, demeurer en nous dès ce monde. Nous savons qu'il est partout, puisqu'il est l'auteur de tout; mais il est Esprit, et nous ne le connaissons que par notre esprit; les yeux de notre corps ne peuvent le voir, tel qu'il se montre aux anges et aux saints dans les cieux. Un jour viendra où nous jouirons aussi de son adorable présence. En attendant, il se met sur nos autels sous la forme de l'hostie sainte, pour que nous puissions le voir au milieu de nous, lui offrir nos hommages et le recevoir comme nourriture de nos âmes. Nous devons donc nous approcher avec un grand respect des saints autels où il réside, aller lui rendre visite et lui offrir nos hommages. Nous devons faire plus encore; puisque ce bon Sauveur daigne s'offrir à nous, nous devons aller à lui. Si un ami, un bienfaiteur nous invitait à venir le voir souvent, est-ce que nous n'aurions pas honte d'être insensibles à son invitation? ne serait-ce pas de la lâcheté et de l'ingratitude? Il faut donc aller le voir, aller le recevoir; mais sans jamais oublier qu'il est le Saint des saints, et qu'on ne peut s'approcher de lui, si on est dans le péché et si on aime le péché.

Le jour de la première communion est bien le plus beau de la vie; il laisse dans le cœur une impression ineffaçable. Que de fois on a vu des pécheurs endurcis fondre en larmes à ce souvenir! Ce jour-là, les familles sont dans la joie, la paroisse est en fête, l'église est ornée et embellie. Les jeunes filles sont en blanc comme au jour de leur baptême, et les jeunes garçons s'avancent, pleins de bonnes résolutions, promettant à Celui qui va se donner à eux, d'être toujours de vrais soldats de Jésus-Christ, de fidèles chrétiens. Quand ils s'approchent de la sainte table, tous les yeux sont tournés vers eux, tous les cœurs sont émus, bien des parents versent des larmes et plus d'une mère dit du fond de son cœur : « O Jésus! que mon enfant vous soit toujours fidèle! » Combien de fois des parents, qui s'étaient tenus éloignés de Dieu, reviennent à lui le jour où il se donne à leurs enfants! Un de mes amis m'a raconté comment le sien s'y est pris pour obtenir cette joie. « La veille au soir, il vient me trouver, et, fixant sur mes yeux son regard limpide, « Papa, dit-il en hésitant, je serais bien heureux si tu voulais demain.... » J'eus la lâcheté de le renvoyer en lui disant : « J'ai à travailler. » Il partit les larmes aux yeux. Je me vis alors dans toute ma laideur, et j'allai me confesser pour communier le lendemain avec cet ange.

Les devoirs envers soi-même.

Nous ne devons pas vivre comme les animaux, qui sont aujourd'hui et qui demain ne seront plus. Qui sommes-nous? D'où venons-nous? Où allons-nous? Voilà trois questions que nous devons nous adresser souvent; les insensés seuls n'y songent pas et vivent comme les êtres sans raison. Qui sommes-nous? Les créatures et les enfants du Dieu tout-puissant, à qui nous devons, pour cela, adoration, amour et hommage.... Malheur à qui néglige d'y penser! D'où venons-nous?... Il y a cent ans et moins nous n'étions pas, nul ne nous connaissait, nul ne pensait à nous. Dieu seul nous connaissait et nous voyait de toute éternité; il nous avait marqué notre place dans sa création, et nous devons la tenir selon les desseins qu'il a eus sur nous. Où allons-nous?... Certes, il importe de le savoir. On se donne mille soucis pour la réussite d'une affaire qui rapportera un peu d'argent, pour arriver à un emploi honorable, pour s'assurer quelques rentes et quelque repos à la fin de sa vie. Combien d'années en jouira-t-on? Et après où ira-t-on? Dans l'éternité.... Songeons-y bien : notre âme ne peut pas mourir, elle vivra autant que Dieu, c'est-à-dire toujours; faisons donc ce qui nous est prescrit pour qu'elle soit toujours heureuse.

Un homme, né sans fortune, avait habilement conduit ses affaires ; il était devenu riche et considéré. Il arriva facilement aux emplois publics et devint ministre. Pendant vingt ans, il disposa des places et des faveurs, il jouit de tous les honneurs. Cependant une maladie grave s'étant déclarée, il dut, malgré l'art des plus habiles médecins, songer à une mort prochaine. Son souverain, qui l'aimait et l'estimait, vint le voir et lui dit : « Vous m'avez toujours bien servi, que puis-je faire pour vous en ce moment? — Ah! Sire, dit le malade, je n'ai plus besoin d'autre chose que du temps nécessaire pour me préparer à la mort. — Hélas! mon pauvre ami, vous savez bien qu'il n'est pas en mon pouvoir de vous accorder même un quart d'heure, ma puissance ne va pas jusque-là. — Oh! reprit le moribond, si j'avais servi pendant vingt ans le Roi du ciel, ce n'est pas un quart d'heure qu'il me donnerait, c'est toute une éternité! Dieu m'avait placé sur la terre pour le servir, pratiquer le bien et la justice, et je n'ai songé qu'à satisfaire mon orgueil et mon ambition, j'ai écarté ceux qui me gênaient pour prendre leur place. En un mot, je n'ai songé qu'aux choses de ce monde ; que vais-je répondre à Dieu, qui bientôt me demandera compte de ma vie? Je n'ai rien fait pour mériter le ciel et gagner un bonheur éternel! »

La pureté angélique.

« Bienheureux ceux qui ont le cœur pur, parce qu'ils verront Dieu. » Quand on veut faire l'éloge d'un enfant, on dit : « C'est un ange. » Cela veut dire qu'il est pur comme un ange, que son cœur aime le bien et déteste le mal, qu'il a horreur du péché et fuit toute occasion de le commettre. Cette pureté, reçue au baptême, est comme une robe d'une blancheur éclatante et parfaite ; elle charme les yeux et attire tous les cœurs. « Qu'elles sont belles les âmes pures et modestes dans l'éclat de leur jeunesse! Leur mémoire est immortelle, et elle est précieuse devant Dieu et devant les hommes. » Mais de même que les souillures effacent la beauté des vêtements, les souillures du péché détruisent le charme de l'innocence. Un enfant a grandi sous l'œil vigilant d'une pieuse mère, qui a écarté de ses yeux toute image scandaleuse, de ses oreilles toute parole déshonnête; il porte la candeur sur son front pur, dans ses regards rayonne la sincérité, il n'a rien à cacher. Si par malheur il rencontre des enfants pervers et fait société avec eux, bientôt il apprend des choses qu'il ignorait, des choses dont il n'oserait parler à sa mère sans rougir. Alors commence déjà à se ternir la pureté angélique : ce qui est un très grand malheur.

A SEPT ANS, saint Bernardin de Sienne avait perdu son père et sa mère. Une pieuse tante le recueillit, le consacra à Dieu et veilla sur son innocence avec la sollicitude d'une mère. Le saint enfant se montra digne de ses soins ; il avait la douceur et la pureté d'un ange. Sa joie était de visiter les églises et d'entendre expliquer ce qu'il voyait sur les tableaux, où étaient représentés les mystères de la religion. Il était si attentif aux sermons, qu'il les répétait entiers à ses petits camarades. Comme tous les saints, il se montra charitable envers les malheureux, dès son enfance. Un jour, sa tante ayant renvoyé un pauvre, parce qu'il n'y avait plus qu'un pain dans la maison, il dit les larmes aux yeux : « Pour l'amour de Dieu, donnez quelque chose à ce pauvre homme, sinon je ne pourrai rien manger aujourd'hui ; j'aime mieux ne pas dîner que de laisser jeûner ce malheureux. » A onze ans, on le mit aux études, et il surpassa ses condisciples plus encore par sa docilité et son application que par son savoir. Il ne pouvait entendre un mot déshonnête sans rougir, et ses camarades, voyant le mal qu'il en ressentait, s'abstenaient, en sa présence, de toute parole légère. Il devait cette belle vertu à sa dévotion envers la sainte Vierge, qui accorde toujours une protection toute spéciale aux âmes pures et innocentes.

Dangers des mauvaises compagnies.

Un enfant fréquentait de mauvais camarades, malgré la défense de ses parents. Aux sages observations qui lui étaient adressées à ce sujet, il répondait : « Je les connais bien, et je sais en quoi je ne dois pas les imiter ; tranquillisez-vous. » Cette réponse ne rassurait point ses parents. Un jour qu'un panier de pêches avait été apporté à la maison, l'enfant, ayant admiré la beauté et la fraîcheur de ces fruits, en trouva un qui commençait à se gâter ; il voulut le retirer du panier, afin, disait-il, qu'il ne fît point tort aux autres. Son père l'en empêcha, disant : « Tranquillisez-vous à cet égard, mon fils, ce mauvais fruit deviendra meilleur par le voisinage des bons. » Quelques jours plus tard, on ouvrit le panier et on trouva tous les fruits gâtés. « Ne vous l'avais-je pas dit, mon père ? Quel dommage ! » s'écria le jeune garçon. Son père reprit : « J'ai voulu te donner une leçon, dont le prix surpasse celui de ce panier de pêches. Tu savais, dis-tu, qu'un seul mauvais fruit peut en gâter plusieurs, et tu ne comprends pas que plusieurs mauvais sujets peuvent en gâter un bon ? Renonce dès aujourd'hui à fréquenter de mauvaises compagnies, sinon, dans peu de temps, tu seras mauvais comme ceux que tu fréquentes. »

J'ai connu un jeune homme qui avait été très bien élevé par une pieuse mère. On le voyait régulièrement aux offices de l'église, aux réunions d'enfants sages. Partout il édifiait ses camarades par sa réserve dans ses paroles, son attitude pieuse durant la prière. « Voilà un modèle, disaient les mères à leurs enfants; va avec Charles Després, et sois sage comme lui. » Il eut l'insigne honneur d'être admis à servir la sainte messe, et s'en acquitta avec tant de zèle et de piété que chacun disait : « Après avoir eu l'honneur de servir la messe, il aura un jour l'honneur de la dire. » Son excellente mère sentait son cœur se remplir d'une sainte joie à cette pensée. Mais elle mourut. Le père de Charles, tout à ses affaires, s'occupa peu de son fils. Celui-ci, se croyant grand garçon à quinze ans, se lia d'amitié avec un de ses cousins, dont les manières étaient douces et engageantes, mais dont la conduite était mauvaise. Sans s'en douter, il prit peu à peu les allures et les idées de son cousin, ne venant à l'église que par habitude et s'y tenant si mal, que ceux qui l'avaient connu autrefois en avaient le cœur attristé. Bientôt il n'y vint plus du tout; l'enfant pieux et angélique était devenu un impie et un débauché, cachant sous une toilette soignée et des formes très polies un cœur gâté et vicieux; ce n'était plus qu'une âme habitée par le démon.

L'orgueil.

Voilà un vilain, un détestable défaut! L'orgueil est le péché de Satan, de tous les démons et de ceux qui leur ressemblent. Parmi les anges, créés dès le commencement, il en était un tout brillant de lumière, appelé Lucifer. Il s'admira, se complut en lui-même, et se révolta contre son Créateur et son Dieu, en disant : « Je ne veux pas obéir! » Un grand nombre d'esprits célestes se joignirent à lui dans sa rébellion. Mais un autre chef des anges s'écria : « Qui est semblable à Dieu? » Alors les bons anges se joignirent à Michel archange, et forts de leur fidélité et de la puissance divine, ils précipitèrent les démons dans les abîmes de l'enfer. Tel sera le sort des orgueilleux, qui se complaisent en eux-mêmes et refusent d'obéir à Dieu. Regardez en vous, et voyez si l'orgueil ne s'y est pas déjà glissé comme le serpent. Est-ce que l'obéissance aux commandements de Dieu vous déplaît? Ne trouvez-vous pas qu'il est dur de se soumettre toujours à sa loi?... Si oui : c'est l'orgueil qui s'est déjà logé en vous et qui gâtera tout de son venin. Est-ce que vous vous estimez plus que les autres?... Orgueil. Est-ce que vous ne savez leur pardonner?... Orgueil. Ce péché est abominable devant Dieu, qui a dit : « Quiconque s'élève sera abaissé. »

Lucy est une petite demoiselle bien habillée, prenant déjà des airs de princesse. Elle se balance agréablement dans sa démarche, fait valoir les poufs de sa toilette, et minaude l'ingénuité avec toute l'habileté des enfants gâtés. Mais qu'elle vienne à passer devant les petites filles de son âge moins bien vêtues, vous voyez sa petite tête se dresser comme celle d'une poule disposée à l'attaque. Alors ce visage d'enfant, qui ne devrait rayonner que de candeur et de bonté, est assombri tout à coup par le dédain et l'orgueil. Quel air hautain et méprisant s'y manifeste! Ah! Lucy, mon enfant, je voudrais croire que vous copiez ce que vous avez vu. Mais je vois mieux que vous ce qui se passe dans ce petit cœur déjà gâté. Pourquoi grimace si odieuse vous plaît-elle et vous paraît-elle bon genre?... Je vous ai observée, descendant la nef de l'église, où vous aviez peut-être plus songé à l'effet de votre toilette qu'à prier Dieu; je vous ai vue regarder avec un air hautain, insultant même, deux enfants pauvres qui admiraient votre mise. Vous sembliez leur dire : « Comment osez-vous me regarder, filles mal habillées? Qu'y a-t-il entre vous et moi? » Et vous étiez passée à peine que leur petit orgueil, provoqué par le vôtre, leur inspirait toutes sortes de moqueries méprisantes à votre adresse. Voilà ce que vous ont valu vos grands airs.

La modestie.

La modestie et l'humilité plaisent à tout le monde, parce qu'elles mettent chacun à sa place. La vanité et l'orgueil, au contraire, déplaisent et irritent, en affichant partout le désir d'occuper l'attention et le premier rang. Une personne humble et modeste comme doivent l'être les chrétiens, qui ont toujours raison de s'humilier devant Dieu, ne se trompe pas sur ses mérites et ne croit pas valoir plus que les autres. Elle se regarde même comme au-dessous de la plupart et ne cherche point la première place. Elle ne veut pas de ces parures qui appellent tous les regards, et préfère passer inaperçue. Un jeune homme modeste n'a rien de trop hardi sur la figure, il garde un air honnête et naturel, ne voulant pas ressembler à certains, qui prennent des airs audacieux et fiers, bons à faire rire d'eux. La modestie dans les habits dénote un caractère sérieux et un esprit qui n'attache pas d'importance aux frivolités. Charlemagne s'habillait simplement. Quand de jeunes seigneurs se présentaient devant lui, vêtus avec trop de recherche et de délicatesse, il se donnait le plaisir de les mener avec lui à la chasse, au milieu des bois. Au retour, il leur disait en riant : « Voyez en quel état sont vos beaux vêtements !

Mlle Adèle n'a que huit à dix ans, et déjà elle parle beaucoup, se regarde souvent dans la glace et se trouve fort distinguée. Elle ne connaît aucune enfant de son âge ayant d'aussi belles qualités qu'elle. Et pour bien le faire remarquer partout, elle babille sans cesse sur le compte de celle-ci ou de celle-là, tout en faisant de jolies mines, qu'elle croit très agréables. D'autres fois, vous la voyez prendre des airs de grande dame, hautaine et dédaigneuse, répondant à peine aux saluts et aux paroles qu'on lui adresse, ou bien rire par derrière de la mise des autres; elle trouve à redire sur tout. Il faut l'entendre répéter avec de grandes exclamations : « Mais... voyez si c'est permis... mais qu'elle est sotte... où a-t-elle entendu cela? » Ou bien : « Voyez quelle précieuse personne!... comme si on ne savait pas qui elle est... Où a-t-elle pris ce costume?... Mais que c'est laid! quelles guenilles!... » Et toutes ces choses désobligeantes sont accompagnées de rires moqueurs et affectés plus blessants encore. Ne lui dites pas que c'est mal, que c'est vilain et contraire à la charité; elle vous répondra qu'elle peut bien dire ce qu'elle pense, qu'elle se soucie peu du reste. Mais qu'une autre ose s'en permettre autant à son égard, et vous la verrez outrée, et prête à déclarer qu'il y a des gens bien mal élevés. Or qu'est-elle donc elle-même?

La simplicité.

La simplicité rend heureux en ce monde et prépare au bonheur éternel. La simplicité dans les repas conserve la santé; dans les habits et les appartements, elle conserve la fortune et rend plus heureux. Celui qui n'a pas de grands besoins est toujours content; celui qui a pris l'habitude de dépenser beaucoup est souvent très embarrassé pour satisfaire ses goûts, et se trouve malheureux, même quand il est riche. Saint François de Sales disait : « Je désire peu, et le peu que je désire, je le désire peu. » On proposait au duc de Bourgogne d'embellir un appartement dans une saison où il y avait beaucoup de malheureux. Il répondit : « J'aime mieux les choses comme elles sont. Ces tentures un peu vieilles me paraissent encore belles, et ces vieux meubles me suffisent; je m'en contenterai. » Ainsi agissait-il en toutes choses, faisant passer aux pauvres les sommes qu'il économisait. — Le chancelier Bacon s'était fait bâtir une modeste maison de campagne. La reine, l'ayant vue, lui dit : « Votre maison est trop petite, vu le rang que vous occupez dans le royaume. » Il répondit : « Madame, ma maison est assez grande pour moi; c'est Votre Majesté qui m'a fait trop grand pour ma maison. »

Saint Vincent de Paul pratiqua toutes les vertus. A côté de sa grande charité, on remarquait surtout sa grande modestie et son humilité. Élevé en dignité à la cour du roi de France, il aimait à rappeler que ses parents étaient des paysans et qu'il avait gardé les troupeaux. Comme il était accablé d'occupations et de fatigue, on lui fit don d'une voiture ; il refusa de s'en servir, voulant aller à pied. Dès son enfance, il priait en travaillant la terre ; il s'était fait dans le creux d'un vieux chêne une petite chapelle, où il venait prier en se reposant. Loin de songer à s'acheter des objets d'agrément avec ses petites économies, il les donnait aux pauvres. Lorsque son père l'envoyait au moulin, s'il trouvait en chemin quelque malheureux, il ouvrait le sac à la farine et lui en donnait, s'il n'avait rien autre chose à sa disposition. A force de travail, il s'était amassé trente sous, ce qui était pour lui une grosse somme. Il comptait bien s'acheter quelque vêtement et s'en allait tout joyeux vers la ville. Cependant, ayant rencontré une famille de malheureux, il lui abandonna tout son petit trésor. Plus tard, quand il fut prêtre et aumônier de la reine, il nourrit des provinces entières, désolées par la guerre et la famine, fonda des hospices pour les enfants abandonnés, les malades et les vieillards, institua les Sœurs de la Charité, etc.

Le travail.

Dieu a rendu le travail pénible en punition du péché; mais, par sa bonté, il nous le rend agréable dès que nous nous y mettons de bonne volonté. Quand l'homme travaille, il a le cœur content; il sait qu'il remplit un devoir et que sa famille lui en aura de la reconnaissance. Le travail donne de l'appétit et entretient la santé, tandis que la paresse amène l'ennui, la maladie et la ruine. L'homme est fait pour travailler, dit-on, comme l'oiseau pour voler. Celui qui ne travaille pas est regardé comme un être inutile. Alfred le Grand, roi d'Angleterre, ne fit de grandes choses qu'après avoir su régler son temps en trois parties égales : l'une était destinée aux affaires de son royaume; l'autre, à son instruction et à ses exercices de piété, la troisième, aux repas, à la promenade et au sommeil. Buffon, trouvant que le sommeil lui faisait perdre du temps, ordonna qu'on l'éveillât à six heures. On obéit, mais il ne se leva pas. Cependant une fois hors du lit, il se plaignit qu'on n'eût pas suivi ses ordres. Dès lors son domestique le força impitoyablement à se lever, chaque jour, à l'heure dite. Buffon résistait, mais devait céder. Il en remerciait ensuite son domestique, en disant : « Je lui dois dix ou douze volumes que je n'aurais pas faits.»

Les Parents de sainte Zita étaient pauvres des biens de la fortune, mais riches des biens de la grâce de Dieu. Ils élevaient leurs enfants avec peine, les accoutumaient au travail; et leur faisaient prendre l'excellente habitude d'offrir au Seigneur leurs peines et leurs fatigues, de montrer en tout et toujours une pleine soumission à la volonté divine. La petite Zita avait un cœur tout préparé à ces sages enseignements. En tout ce qu'elle faisait, s'il arrivait que sa mère lui dit : « Ma fille, ce que tu fais n'est pas agréable à Dieu, » elle cessait aussitôt. Elle avait à peine douze ans quand son père lui dit : « Ma chère enfant, il faut nous séparer. Nous avons besoin du fruit de ton travail, il faut aller servir un maître; Dieu te conduira et te suivra partout, si tu lui restes fidèle. » Elle partit, ignorante des périls de la vie du monde, mais forte de son innocence. Les autres domestiques la maltraitèrent souvent et cherchèrent à la corrompre ; elle leur opposa la douceur, le courage et la patience. Elle se consolait en portant son cœur et ses pensées vers le Père qui est aux cieux. « La main au travail, le cœur à Dieu, » disait-elle souvent. Ses maîtres finirent par reconnaître ses vertus et furent dans la suite pleins de vénération pour sa personne. Dieu honora sa vertu, dès son vivant, par de nombreux miracles.

L'école.

L'arbre tombera du côté où il penche, et l'enfant sera plus tard ce qu'il est dans l'école. On ne vient pas à l'école seulement pour débarrasser les parents, mais pour s'instruire. Notre esprit est un champ à cultiver ; il y poussera beaucoup de mauvaises plantes, si nous n'avons pas soin d'y semer celles qui sont bonnes et produisent de bons fruits. Et quand on y a mis de bonnes semences, il faut encore arracher les mauvaises herbes, qui poussent plus vite et plus facilement que les bonnes et les étoufferaient. Le champ du paresseux est souillé et rempli de mauvaises productions, et l'esprit de l'ignorant est souillé par les vices, qui sont les fruits de la paresse. Travaillez donc à devenir sages et bons, selon l'ordre de Dieu. Quand on vous montre vos défauts et qu'on veut les corriger, on vous rend de très grands services. C'est à votre âge que l'on peut facilement acquérir des qualités et se corriger de ses défauts ; plus tard, c'est plus difficile. Un enfant disait à chaque remontrance : « Je me corrigerai de cela quand je serai grand. » Son père le conduisit dans un bois, lui fit arracher beaucoup de jeunes plantes et lui dit ensuite d'en arracher de plus grandes. « C'est impossible, dit l'enfant ; elles sont plus fortes que moi. » Concluez.

On avait amené dans ma classe un élève qui n'avait encore reçu de leçons que dans sa famille. Il se croyait déjà instruit, et sa douleur fut extrême quand, le jour des compositions, il se trouva le dernier. Les plus ignorants le regardaient d'un air de triomphe ou de dédain ; ce que voyant, il se cacha la tête dans les mains, pour ne pas laisser voir ses larmes. On l'entendit s'écrier, au milieu d'un sanglot étouffé : « Maman ! ma pauvre maman !... » J'ai su depuis que cet enfant était le fils d'une veuve, dont il était la consolation et l'espoir. On le disait intelligent, et sa mère se reposait sur lui, bien assurée qu'il pourrait l'aider dans sa vieillesse. L'enfant voyait donc s'évanouir, dans ce premier échec, toutes les espérances et tous les beaux rêves de sa mère. Cependant, un écolier, très ému en voyant son chagrin, s'approcha de lui et lui dit tout bas : « Ne pleure pas, va ; c'est tout comme moi : en entrant ici, j'étais le dernier, aujourd'hui je suis le premier. Prends courage, je t'aiderai pendant les récréations. — Merci ! » dit le pauvre enfant; et l'on voyait que tout son cœur était sur ses lèvres en prononçant ce mot. Le jour même les deux nouveaux amis travaillèrent ensemble, l'un servant à l'autre de répétiteur. L'année suivante, les deux premières places étaient occupées par ces enfants que l'amitié unit pour la vie.

La jeunesse.

Durant les beaux jours de mai, regardez, enfants, ces arbres couverts de fleurs, et voyez les promesses du printemps. Que de beaux fruits vont succéder à ces belles fleurs ! Nos yeux ne se lassent pas d'admirer ; nos cœurs, de remercier la bonté divine. Mais la joie est de courte durée, sur cette terre maudite à cause du péché. Voici qu'un vent glacial passe sur les fleurs et les flétrit. Les fruits, qu'on voyait déjà naître, tombent, et la sève qui leur était destinée se porte sur les feuilles ; l'arbre est plus beau mais il ne rapporte rien. Il fallait veiller sur lui et le protéger. Ainsi en est-il de la jeunesse en son printemps : que d'espérances, que de promesses ! Ce fils brillera par le talent et le courage ; il fera de belles choses, et sa vie sera pleine de mérites. Cette jeune fille sera l'honneur et la joie de sa famille ; sa vie sera remplie par les œuvres de la piété et de la vertu. Mais voici qu'un jour le souffle de l'indifférence et le froid de l'égoïsme passent sur ces cœurs, laissés sans défense contre les intempéries de notre nature déchue, et dès lors plus de bons fruits à espérer. Des feuilles en abondance, c'est-à-dire de vaines parures, de l'éclat ; pas de ces vertus qui sont les fruits de notre vie. Restez donc sous la garde de ceux qui veillent sur vous.

Voyez ce gros et grand garçon, comme il est content de sa personne, et se rend détestable par ses airs triomphants! Voyez cette belle fille qui semble en adoration devant son miroir! Qu'y y a-t-il derrière ce beau masque? Pas de cœur bien souvent et un petit esprit tout occupé de vaines pensées. Cependant ils sont nés, comme chacun, avec les germes de bonnes qualités. Mais comment se donner la peine d'acquérir des qualités, des vertus, quand on croit avoir toute supériorité par la beauté! Telle fut l'illusion de Lydie. Elle avait reçu du ciel la beauté et les grâces : dons charmants qui rendent plus aimables le mérite et la vertu, mais qui sont pleins de périls si, à mesure qu'ils brillent d'un plus grand éclat, la modestie et la sagesse n'y font contre-poids. Quand on la grondait sur sa paresse et ce qui s'en suit, elle souriait d'un air si gracieux qu'on était désarmé. Elle voyait en public tous les regards se tourner vers elle, que lui fallait-il davantage? Elle grandit ainsi. A vingt ans, elle épousa un jeune homme de bonne famille qui ne tarda pas à voir qu'il n'avait amené chez lui qu'une idole à parer, à encenser. Elle, qui pensait l'avoir favorisé en lui apportant une beauté si enviée, reçut fort mal les observations qu'il dut lui faire sur les devoirs qu'elle avait à remplir. Dès lors le bonheur tant rêvé s'évanouit.

Les peines de cette vie.

On entend souvent les personnes dire : « Le malheur me cherche ; il n'y a de malheur que pour moi ; je n'ai pas de chance, etc. » Sachons bien que la plupart de nos malheurs nous viennent par notre faute. Si nous étions plus sérieux, plus attentifs à nos affaires, nous échapperions à beaucoup de dangers. Quand on laisse tout traîner, on perd souvent quelque chose ; quand on dépense plus qu'on ne gagne, on va à la ruine et au déshonneur ; quand on perd son temps, on va vers la misère ; quand on ne sait rien prévoir, on s'avance vers le malheur. Il arrive sans doute des revers que nous ne pouvons éviter : c'est Dieu qui nous les envoie pour nous faire expier nos péchés en ce monde. Nous devons les accepter de bon cœur : d'abord, parce que ce sont nos péchés qui les ont attirés, et qu'il est juste que nous en soyons punis ; ensuite, parce que Dieu, qui est toujours bon, nous les envoie, afin que nous fassions pénitence en ce monde, et que par là nous échappions à la punition éternelle, bien plus rigoureuse que tout ce que l'on peut endurer ici-bas. Donc, au lieu d'accuser la Providence quand le malheur nous arrive, sachons y voir un moyen d'expier nos fautes et une preuve de la bonté divine.

Un général romain se fit baptiser et prit le nom d'Eustache. Dieu, qui l'avait appelé à le servir, lui préparait de rudes épreuves. En peu de temps il perdit ses esclaves, ses troupeaux et tous ses biens. Il ne murmura point et dit, comme Job : « Le Seigneur m'avait tout donné ; il m'a tout ôté : que son nom soit béni. Le seul vrai malheur ici-bas c'est le péché. » Il dut quitter Rome et s'embarquer pour l'Égypte. Au débarquement, le pilote, après l'avoir déposé à terre avec ses enfants, retint sa femme et fit voile vers la Syrie. Eustache, désolé, eut encore la douleur de se voir enlever ses deux enfants par des lions du désert. Toujours soumis à Dieu, il se mit en service chez un laboureur. Mais rappelé par ordre de l'empereur, il fut mis à la tête d'une légion, qui devint victorieuse sous ses ordres. Il reconnut, dans son armée même, ses fils que la Providence avait sauvés de la dent des bêtes, et retrouva sa femme, qui avait débarqué en Syrie. Adrien voulut le combler de biens et d'honneurs ; il refusa, disant qu'il était chrétien. Alors il fut conduit aux arènes avec sa femme et ses enfants. Les lions les épargnèrent. Adrien, furieux en voyant ce miracle, les fit jeter dans un énorme taureau d'airain, sous lequel on alluma un grand feu. Ils subirent ainsi le martyre, le 20 septembre de l'an 120.

Devoirs envers le prochain.

« Vous aimerez le Seigneur votre Dieu de tout votre cœur, de toute votre âme, de toutes vos forces, de tout votre esprit, et votre prochain comme vous-même, » dit l'Évangile. Aimer son prochain comme soi-même, c'est lui faire, autant que nous le pouvons, le même bien qu'à nous-mêmes. Le premier bien à désirer, c'est le salut. Nous devons donc, en travaillant à notre salut, travailler aussi à celui de notre prochain par la prière, par les bons conseils et les bons exemples. Nous devons le consoler dans ses chagrins, le soulager dans ses peines, l'assister dans ses besoins ; en un mot lui faire tout le bien possible et ne lui faire aucun mal. Mais faut-il faire du bien à ceux qui nous font du mal ? N'est-il pas juste d'agir avec eux comme ils agissent avec nous ? Écoutez ce que dit Notre-Seigneur. « Moi je vous dis : Aimez vos ennemis, faites du bien à ceux qui vous haïssent et priez pour ceux qui vous persécutent ou vous calomnient, afin que vous soyez les enfants de votre Père céleste qui est dans les cieux, et qui fait lever son soleil sur les bons et sur les méchants.... Si vous n'aimez que ceux qui vous aiment, quelle récompense aurez-vous méritée ? Et si vous ne saluez que vos frères.... Les païens ne le font-ils pas aussi ? »

Un homme très méchant était animé d'une haine implacable contre saint François de Sales, si doux et si bon. Un jour que le saint passait dans un endroit écarté en compagnie d'un autre ecclésiastique, son ennemi apparut et tira sur lui un coup de pistolet, qui ne l'atteignit pas, mais qui blessa dangereusement le prêtre accouru pour parer le coup. Les magistrats, informés du crime par la rumeur publique, firent saisir le coupable, qui fut mis en prison. Le saint évêque, plus attristé de l'endurcissement de cette âme dans le mal, que du danger auquel une pareille haine l'exposait, se rendit près du chef de la justice, et, à force de sollicitations, il obtint la grâce de son ennemi. Heureux d'un tel succès, il courut à la prison embrasser le méchant homme et lui annoncer sa délivrance. Mais ce pécheur, endurci dans le mal, repoussa rudement son bienfaiteur et ne répondit que par des injures aux paroles de bienveillance qui lui étaient adressées. Alors le saint lui dit : « Quoi que vous disiez et quoi que vous fassiez, vous ne m'empêcherez pas de vous aimer, car je suis votre pasteur et vous êtes du nombre de mes brebis ; mais prenez garde au jugement de Dieu qui vous voit. » Les saints, à l'exemple de Notre-Seigneur, ont tous pardonné à leurs ennemis et leur ont fait du bien. Pardonnez, et on vous pardonnera.

Père et mère honoreras.

Après Dieu sont nos parents; ils tiennent sa place près de nous, et nous devons les aimer, les respecter et leur obéir comme à Dieu même. « Un fils sage est la joie de son père, et le fils insensé est la tristesse de sa mère. Écoutez, mon fils, les instructions de votre père, et n'abandonnez point la loi de votre mère. » Jésus était soumis à Marie et à Joseph, et il croissait en âge, en sagesse et en grâce devant Dieu et devant les hommes. « Pour moi, disait-il, je fais la volonté de mon Père qui est dans le ciel. J'honore mon Père, et mon Père m'honore. » Un officier était parvenu à un grade élevé dans l'armée et on le croyait de famille noble; il n'était cependant que le fils d'un pauvre paysan. Son père étant venu le voir dans le simple costume du pays, il n'en eut point honte et le présenta à tous ses amis. Chacun loua et admira la conduite de cet officier. Louis XIV voulut le voir et le féliciter. — Une jeune fille, douée de brillantes qualités, était sur le point de se marier, lorsque sa mère devint infirme. Alors, abandonnant tous les beaux projets formés en vue de son mariage, elle voulut rester avec sa mère, pour la soigner et la consoler. Dieu bénit les enfants qui honorent leurs père et mère, et il les récompensera.

Un curé des environs de Rennes avait fait venir chez lui quelques enfants pauvres, pour leur donner des vêtements, car l'hiver était très rigoureux. On leur apporta du pain et un peu de viande. Ils mangèrent de bon appétit, sauf un petit garçon de cinq ans, qui regardait sa portion d'un air satisfait, mais n'y touchait pas. « Pourquoi ne manges-tu pas? lui dit le curé. — Je garde mon pain et ma viande pour ma mère qui est malade, répond l'enfant. — Mange toujours, mon ami; j'enverrai à ta maman ce qu'il lui faut. — Non, je veux porter cela à maman. » Et les yeux du cher petit se remplirent de larmes. Le curé, tout ému, reprit : « Ta mère ne manquera de rien; mange, car tu dois avoir faim. — Oui, j'ai faim; mais maman est malade. — Eh bien, voici du pain et de la viande que tu lui porteras toi-même; mais en attendant, mange ce que je t'ai donné. » L'enfant se mit à manger son pain, se disant : « Je veux garder la viande pour maman. » — Un jeune homme de famille pauvre, ayant été admis dans une école, ne mangeait bien souvent que son pain, refusant de toucher aux mets servis sur la table. On voulut en savoir la raison. Il répondit, les larmes aux yeux : « Je ne puis me décider à user de tous ces mets si choisis et si abondants, quand je songe que mes parents manquent de pain bien souvent. »

La famille.

Le père doit l'éducation et le bon exemple à ses enfants ; la mère leur doit ses soins et ses bons conseils ; les enfants doivent honorer et respecter leurs parents, leur obéir, les aider dans leurs peines, les assister dans leurs besoins. Toute famille doit être unie par les liens de l'affection. Dieu bénit les bonnes familles, et on les voit prospérer ; les enfants se placent bien et réussissent dans leurs entreprises. « Heureux, dit le prophète, l'homme qui craint le Seigneur et qui prend plaisir à observer ses commandements. Sa famille sera puissante sur la terre, la race des justes sera comblée de bénédictions. La gloire et les richesses seront dans sa maison... ; il ne craindra rien, quelque mal qu'on lui annonce. Son cœur est toujours prêt à espérer au Seigneur. » De longs et heureux jours sont promis aux enfants qui honorent leurs parents, et des malédictions terribles tombent sur ceux qui les méprisent ou les abandonnent. On me montra, il y a quelque temps, dans une ville du Midi, un homme affecté d'un tremblement nerveux et convulsif. C'était un objet de pitié et de mépris en même temps ; car le malheureux avait été atteint de cette triste maladie à un moment où, étant ivre, il avait osé frapper sa mère.

Un homme riche voulut vivre à son aise et n'avoir point de famille à élever. Lorsqu'il fut vieux, il se trouva dans le plus triste abandon. Ses parents, qui devaient hériter de sa fortune, venaient le voir de temps en temps ; mais dans leur conversation, il reconnaissait que c'était moins par intérêt pour sa santé qu'en vue des biens qu'il leur laisserait. Il s'aperçut même qu'on trouvait qu'il vivait trop longtemps, et entendit qu'on se disputait sur sa succession. Indigné, il fit un testament par lequel il déclarait donner tout son bien aux hôpitaux. Dès que ses parents en eurent connaissance, ils ne reparurent plus, et il se trouva dans un complet isolement. Une de ses nièces en eut pitié et vint s'offrir pour le soigner ; il refusa en disant : « Toi aussi tu viens pour mon héritage ; tu n'auras rien, j'ai tout donné. — Je le sais, mon oncle ; je ne me suis pas présentée ici quand il pouvait y avoir espoir d'hériter : je viens aujourd'hui n'ayant pas d'autre récompense à ambitionner que celle de vous avoir été utile, je viens à vous parce que je vous vois malheureux. Dieu sait si je suis mue par d'autres motifs que mon affection pour vous. » Elle le soigna avec dévouement jusqu'à sa mort. Au moment où elle allait retourner chez elle, le notaire vint lui dire : « Mademoiselle, votre oncle vous a laissé la moitié de son héritage. »

L'affection fraternelle.

La tempête était terrible ; une embarcation trop chargée allait s'enfoncer ; il fallait jeter des hommes à la mer pour sauver les autres. On tire au sort, et vite à la mer ceux que le sort a désignés ! Un jeune passager est du nombre. Son frère aîné porte ses regards sur la figure épouvantée de l'infortuné, son cœur se serre à la pensée de le voir périr ; il songe à sa mère qui lui redemandera cet enfant. Aussitôt il s'écrie : « Je veux mourir pour sauver mon frère, ne le jetez pas à la mer. » Le jeune homme, de son côté, supplie son frère de l'abandonner à son malheur et de ne pas sacrifier sa vie par un tel dévouement. Mais déjà l'aîné s'est jeté à la mer et a disparu dans les flots. Cependant, comme si le ciel eût voulu récompenser tant de générosité, on le vit reparaître, luttant contre la mer agitée, qui, à chaque instant, menaçait de l'engloutir. Son frère, en le revoyant, lui tendait les bras, désespéré de ne pouvoir l'aider et adressant à Dieu les plus ardentes supplications. Après un temps fort long, la tempête s'étant apaisée et la mer étant devenue plus calme, les matelots, émus de pitié, prièrent le maître de la barque de reprendre à son bord celui qui venait de donner un exemple si admirable d'affection fraternelle.

Un entrepreneur de bâtiments, nommé Sedaine, mourut dans une ville du Berri, laissant dans la misère une femme et deux enfants. Michel, l'aîné, quitta le collège, où il faisait de brillantes études, et se mit à aider, du fruit de son travail, sa mère et son frère. Le pauvre enfant, qui n'avait que treize ans, se fit apprenti maçon. Par respect pour la mémoire de son père et pour sa belle conduite, les ouvriers l'aidèrent de leurs conseils, et il gagna bientôt un peu d'argent. Tout en travaillant ainsi de ses mains, il continuait ses études chaque soir. Sa mère, étant allée à Paris chercher quelques ressources, y appela ses enfants. Michel, qui n'avait pas de quoi payer deux places de voiture, en prit une pour son frère et suivit à pied. Il faisait très froid, l'enfant grelottait; Michel ôta sa veste et la lui donna. A Paris, il continua sa double existence : le jour était consacré au travail manuel, qui nourrissait la famille; la nuit était employée à l'étude. Ce courageux et généreux enfant, qui s'était fait simple ouvrier, devint architecte, homme de lettres, et fut reçu à l'Académie française. Il vécut justement estimé et honoré de tous. Dieu lui avait accordé la bénédiction promise aux enfants qui s'acquittent de leurs devoirs envers leur famille. De telles actions sont souvent récompensées dès ce monde.

La parenté.

Trop souvent des familles sont divisées, brouillées pour des questions d'argent. De chaque côté on ne considère que les intérêts personnels, on ne fait pas suffisamment la part des autres, et on est injuste, parce qu'on ne veut pas les traiter comme soi-même. Il est bien triste et d'un bien mauvais exemple de voir des familles, honorables et honnêtes d'ailleurs, se traiter en ennemies et demeurer irréconciliables. J'ai connu, dans une petite ville, deux boutiques de marchands, les deux plus belles de l'endroit, situées en face l'une de l'autre et occupées par deux cousins. La concurrence commerciale y entretenait une vieille animosité de famille. Cependant l'un des deux boutiquiers, bon chrétien, en gémissait intérieurement. Il voulut travailler à y mettre fin, et voici ce qu'il fit. Toutes les fois qu'il n'avait pas la marchandise qu'on lui demandait, il disait aux acheteurs : « Adressez-vous en face, on est bien approvisionné, et vous trouverez là sans doute ce que vous désirez. » Les acheteurs, en s'adressant de l'autre côté, répétaient naturellement ce qu'on leur avait dit. L'autre boutiquier, après quelque temps, touché d'un pareil procédé, accourut et dit : « Mon cousin, soyons amis ; vous êtes un digne et bon parent. »

Lucien Duret, s'étant enrichi en Amérique, voulut finir ses jours au pays natal. En arrivant, il s'adressa à un de ses cousins, qui était dans l'aisance, et lui dit qu'ayant eu des malheurs, il revenait dans sa famille, espérant qu'il y trouverait un appui durant ses vieux jours ; que quant à présent il pouvait se suffire. Il fut très mal accueilli ; on refusa de le reconnaître. « Mais, mon cousin, disait-il, nous avons joué ensemble dans cette place quand nous étions enfants ; vous avez donc oublié le petit Lucien, l'enfant de votre oncle ? — Je ne tiens pas, dit le cousin, à avoir ici des parents tels que vous ; vous nous feriez peu d'honneur, avec votre mise si pauvre. » « Quelle dureté, se disait Duret en sortant ! Voilà donc ceux avec qui j'ai désiré partager ma fortune... et si j'étais vraiment pauvre, il me faudrait aller tendre la main à des étrangers ! » De là il se rendit chez un autre à qui il tint le même langage. Celui-ci lui dit : « Mon cousin, je ne suis guère plus riche que toi, j'ai dû élever beaucoup d'enfants et les temps sont durs. Mais mets-toi là avec confiance, je te trouverai un petit emploi, tu logeras ici et seras de la famille. » Lucien, les larmes aux yeux, l'embrassa en disant : « Mon cousin, mon frère, je ne suis pas pauvre, je suis millionnaire : je veux partager avec toi ; tes enfants seront mes enfants. »

L'amitié.

L'amitié entre personnes vertueuses est comme une parenté. Notre-Seigneur a voulu honorer l'amitié en en goûtant les charmes. A l'heure où Lazare mourait, il dit à ses disciples : « Notre ami Lazare dort. » Et s'étant approché du tombeau, il pleura. « Voyez comme il l'aimait! » disaient les Juifs. En parlant de saint Jean, on disait : « C'est celui que Jésus aimait, c'est le disciple bien-aimé. » Saint Jean devait cette insigne faveur à son innocence, à sa pureté et à son grand amour pour son divin Maître. Aussi, Jésus mourant lui confia la garde de sa mère, la très sainte Vierge, en disant : « Voilà votre mère. » Il faut une grande prudence dans le choix des amis, car les véritables amis sont rares. « Ils sont, disait un plaisant, ils sont du naturel du melon ; on doit en essayer un cent pour en trouver un bon. » Un jeune homme parlait de ses nombreux amis ; son père lui dit : « Tu as plus de bonheur que moi, si tu en as plusieurs. Depuis soixante ans que je suis au monde, à peine en ai-je trouvé un. » On disait à un sage que sa maison était trop petite. Il répondit : « Plaise à Dieu que, telle qu'elle est, je puisse un jour la remplir de véritables amis! » Il n'y a de véritable amitié que dans une estime réciproque.

Deux matelots, Antonio et Roger, l'un Espagnol et l'autre Français, étaient dans les fers à Tunis. Ils travaillaient sur une montagne près de la mer. Souvent Antonio disait à son ami : « Quand je porte mes regards sur cette vaste étendue d'eau, je me dis avec un serrement de cœur : Que ne puis-je la traverser! Il me semble voir au delà ma femme et mes enfants qui m'appellent ou pleurent ma mort. » Un jour, il aperçoit un navire et dit à son ami : « Dans quelques heures ce navire passera près d'ici ; nous nous lancerons dans les flots et nous atteindrons le vaisseau. — Si tu peux te sauver, dit Roger, pars ; tu iras voir mon vieux père, tu lui diras.... — Que je me sauve sans toi!... Non, non. — Mais, Antonio, tu sais nager, toi... pars. — Je suis ton ami, dit Antonio, je ne pars pas sans toi ; tu te tiendras à ma ceinture. — Inutile d'y penser, dit Roger, je causerais ta perte. — Laisse-toi conduire, dit Antonio. » Et aussitôt ils se jettent à la mer. Antonio fait des efforts admirables, et, se confiant en la Providence, il se sent une force surhumaine. Les marins du navire, devinant qu'il y a là deux malheureux à sauver, font avancer une chaloupe vers eux pour les recueillir. Antonio fut reçu, épuisé et presque mourant. Roger était au désespoir d'avoir causé sa mort. Dieu en eut pitié, et tous les deux revirent leur famille et leur pays.

Il faut s'entr'aider. — Compassion.

« Les justes sont bons et miséricordieux, mais le cœur de l'impie est cruel. Celui qui ferme son cœur au cri du pauvre, criera lui-même un jour, et ne sera pas écouté. » Un jeune peintre, arrivé à Modène et manquant de tout, pria un pauvre artisan de lui trouver un gîte à peu de frais ; l'artisan offrit la moitié du sien. L'étranger cherche de l'ouvrage et n'en trouve pas ; son hôte ne se décourage point, il le nourrit et le console. Le peintre tombe malade ; l'artisan se lève plus matin et se couche plus tard pour fournir aux besoins du malade ; il le veille durant sa maladie et pourvoit à toutes les dépenses nécessaires. Cependant le peintre avait écrit à sa famille et avait demandé quelques secours. Une somme assez importante étant arrivée, le peintre voulut payer l'artisan : « Non, dit celui-ci, cette dette, vous l'acquitterez envers le premier homme que vous trouverez dans l'infortune : je devais ce bienfait à un autre ; je viens de m'acquitter, faites de même à l'occasion. » Un homme avait fait tort à son voisin et l'avait traité en ennemi. Or il arriva que ce méchant tomba dans la misère. Son voisin, oubliant tout, le secourut et l'aida de tous ses moyens. « Pardonnez et l'on vous pardonnera ; donnez, et l'on vous donnera, » dit l'Évangile.

Dans une pauvre chaumière d'Artonay, Valentin Duval, enfant, grelottait près d'un foyer éteint; sa mère venait de mourir, son père était mort depuis longtemps. « O mon Dieu! disait-il en joignant ses petites mains glacées, prenez-moi aussi; je suis trop petit pour gagner ma vie. » Il était nuit, le froid, la faim, la frayeur étreignaient le pauvre enfant, lorsqu'une petite fille entra, disant : « Valentin, voici la moitié de mon souper; mange et console-toi, demain je prierai mes parents de te faire venir chez nous pour garder les moutons. » Il mangea, s'endormit sur la paille, et, dès le lendemain, grâce à sa petite amie, il eut son pain assuré. L'hiver de 1709 fut si terrible que les riches avaient à peine de quoi se suffire. Valentin dut chercher à se placer ailleurs; il chercha inutilement. Un jour, il tomba épuisé de fatigue et de faim, se recommanda à Dieu et attendit la mort. Un paysan, qui le vit, se dit : « S'il reste ici, dans une heure il sera gelé. » Il le porta dans une étable, le couvrit de fumier et s'aperçut qu'il était atteint de la petite vérole. Très pauvre lui-même, le paysan n'abandonna pas l'enfant. Il lui apportait de l'eau et quelques cuillerées de farine d'orge cuite. Lorsqu'il put marcher, il continua sa route. Des religieux l'ayant admis chez eux, il s'instruisit et devint bibliothécaire de l'empereur d'Autriche.

L'aumône.

« Un verre d'eau donné en mon nom ne restera pas sans récompense, » dit Notre-Seigneur. Cette simple aumône faite avec un grand amour de Dieu peut nous mériter la vie éternelle. Si vous avez peu, donnez peu, mais donnez toujours de bon cœur et au nom de Jésus-Christ. La veuve qui n'avait donné qu'un denier, n'ayant pas davantage, a été louée pour sa charité, plus que les riches qui avaient donné beaucoup, mais avec moins d'amour de Dieu. Enfants d'un même Père, membres d'une même famille, nous devons nous aider réciproquement. Et bien grande sera la récompense de ceux qui auront fait l'aumône ! Ils recevront au centuple. « Venez, les bénis de mon Père, leur dira Notre-Seigneur ; j'ai eu faim et vous m'avez donné à manger ; j'ai été nu, et vous m'avez vêtu ; ce que vous avez fait au dernier d'entre les miens, c'est à moi-même que vous l'avez fait. Il dira au contraire à ceux qui n'ont pas compassion du pauvre : « Allez, maudits, au feu éternel ; j'ai eu faim et vous ne m'avez pas donné à manger, j'ai eu soif et vous ne m'avez pas donné à boire, j'ai été nu et vous ne m'avez pas vêtu, j'ai été malade et vous ne m'avez pas visité. » Ne perdons jamais de vue une sentence aussi terrible.

Saint Martin était né de parents païens, mais le spectacle des vertus pratiquées par les chrétiens gagna son cœur; et, étant encore enfant, il se glissait dans leurs assemblées, pour assister aux cérémonies de la religion et entendre la parole de Dieu. Obligé de servir comme officier dans les armées, il s'acquit l'estime de ses chefs et le respect de ses subordonnés. Pendant un hiver très rigoureux, il vit à la porte d'Amiens un pauvre presque nu. Touché de compassion, il coupe son manteau et en donne la moitié au pauvre. La nuit suivante, pendant son sommeil, il vit Jésus-Christ au milieu des anges, leur disant: « Martin m'a fait don de ce manteau. » A son réveil, il fit vœu de se consacrer à Jésus-Christ et s'en alla trouver l'empereur, à qui il dit : « Jusqu'à présent je vous ai servi fidèlement, permettez que désormais je serve Dieu seul. » L'empereur entra en colère et l'accusa de lâcheté. Martin, indigné, reprit : « Pour vous prouver que ce n'est pas la peur qui me dicte ma résolution, je consens à être placé sans armes en face de l'ennemi demain durant la bataille. J'espère que Celui que je veux servir m'en fera revenir sain et sauf. » L'empereur consentit à lui imposer cette cruelle épreuve; mais la bataille n'eut pas lieu. Martin partit, se fit baptiser, devint évêque de Tours, et combattit l'idolâtrie dans les Gaules.

La bonté envers tous.

La bonté est la plus aimable de toutes les qualités. En parlant de Dieu, nous disons « le bon Dieu, » pour marquer que Dieu est tout ce qu'il y a de meilleur; et nous rassurer en face de sa puissance qui pourrait nous écraser, de sa justice qui pourrait nous punir. Une personne a des défauts; mais si elle est bonne, on oublie ses défauts pour ne songer qu'à sa bonté. Un petit ramoneur, exténué de fatigue et mourant de faim, arriva un soir dans un pauvre village. Les enfants, qui sortaient de l'école, se moquaient de sa figure noircie et de son vilain costume; les plus hardis lui jetaient de la boue. L'enfant pleurait et se recommandait à Dieu, n'espérant plus trouver un gîte au milieu de cette méchante population. Cependant, une petite fille, émue de pitié, s'approche du ramoneur et lui dit : « Viens chez nous, papa et maman sont bons, tu pourras souper et coucher à la grange où il y a du foin bien chaud. » Il la suivit, consolé, et partit le lendemain, gardant au fond de son cœur l'image de sa petite bienfaitrice. Vingt ans après, on vit entrer dans le village un homme de bonne mine, dans une voiture chargée d'étoffes. Il dit : « Le ramoneur, devenu riche, offre la moitié de sa fortune à celle qui a eu pitié de lui autrefois.

La bonté de saint François de Sales était si grande, qu'elle attirait à lui tous les cœurs. De ses ennemis, il savait se faire des amis, à force de douceur et de prévenances. On ne le vit jamais se fâcher, même contre ceux qui lui disaient des injures. Cependant il était né très vif et très emporté. Mais dès son enfance, il s'exerça aux pratiques de la douceur et de la bonté. Au collège où il occupait les premières places, il jouissait de l'estime et de l'affection de ses condisciples. Dès qu'ils le voyaient arriver dans un groupe, durant les récréations, ils disaient : « Voici le saint, soyons sages. » Et en sa présence, on n'entendait plus ni disputes ni mots inconvenants. Si par exception quelqu'un se permettait de mauvaises paroles, le saint enfant le priait si affectueusement de cesser, que personne n'eût osé continuer, crainte de l'affliger, car il était aimé de tous. Lui-même les aimait au point de s'offrir quelquefois pour accomplir leurs pénitences. On l'a vu un jour recevoir le fouet à la place d'un de ses cousins. Il alla terminer ses études à Paris, et, grâce à sa grande dévotion envers la sainte Vierge, il sut échapper à tous les vices que les écoliers contractent dans les villes. Saint Vincent de Paul, plein d'admiration à la vue de tant de bonté dans un homme mortel disait : « Puisque l'évêque de Genève est si bon, il faut que Dieu soit la bonté même. »

La douceur.

La douceur produit la paix. Une parole douce apaise la colère, une parole dure excite la colère. « Apprenez de moi que je suis doux et humble de cœur, dit Jésus-Christ, et vous aurez la paix à vos âmes. Si vous présentez votre offrande à l'autel, et que là vous vous souveniez que votre frère a quelque chose contre vous, laissez là votre offrande et allez d'abord vous réconcilier avec votre frère, et puis vous viendrez présenter votre offrande. Bienheureux les pacifiques, parce qu'ils seront appelés enfants de Dieu. » Des partages ayant été mal faits, deux frères se disputaient la possession d'une petite pièce de terre. Le curé entreprit de les réconcilier. Mais ce n'était pas chose facile. «Ce terrain est à moi, disait l'un, je ne dois pas céder mon droit.— Combien en retirez-vous par an?— Environ vingt francs. — Que peut-on acheter avec cela? — Mais, un habit, un meuble... — Vous pourriez acheter mieux encore. — Quoi donc? — Eh bien, l'amitié de quelqu'un qui vous aiderait à toute occasion, l'amitié de votre frère. — Je crois bien que vous avez raison, monsieur le curé. » Le même langage fut tenu à l'autre frère, et ils vinrent à la rencontre l'un de l'autre, s'embrassèrent, à la grande joie des deux familles.

Saint Germain d'Auxerre, passant à Nanterre près Paris, remarqua dans la foule une humble enfant portant déjà, sur son jeune front, le rayonnement de la douceur et de la sainteté. Il lui dit : « Ma fille, n'avez-vous pas la pensée de vous consacrer au Seigneur? » Elle répondit : « Père saint, soyez béni, vous qui lisez dans mon cœur. Tel est bien mon désir, et j'ai souvent prié Dieu de l'exaucer. — Ayez confiance, ma fille, ajoute le saint évêque; le Seigneur vous donnera force et courage. » Puis il lui suspendit au cou le signe sacré de la croix, disant : « Qu'il vous tienne lieu de tous les ornements du siècle. » Il dit ensuite à ses parents : « Béni soit le jour où cette enfant vous fut donnée; sa naissance a été saluée par les anges, le Seigneur la destine à de grandes choses. » Tout en gardant son troupeau, elle élevait sans cesse son cœur à Dieu, et trouvait dans la prière sa plus grande joie. Dieu lui accorda dès lors une protection visible. Un jour de fête qu'elle voulait se rendre à l'église, sa mère, lui ayant donné un soufflet, perdit aussitôt la vue, et ne la recouvra que deux ans après, grâce aux prières de son enfant, qui lui lava les yeux avec une eau sur laquelle elle avait fait trois fois le signe de la croix. La douceur était la vertu dominante de Geneviève. « Bienheureux ceux qui sont doux... »

La politesse.

Un petit garçon poli se fait aimer. On dit, en le voyant si aimable et si honnête : « Quel bon petit enfant! » C'est que la politesse vient d'ordinaire d'un bon cœur et qu'elle est le fruit d'une bonne éducation. Bien entendu, il y a des orgueilleux, hautains et maniérés, qui ont une politesse à leur usage; elle se manifeste par des cérémonies exagérées, des saluts qui en attendent d'autres plus grands; laissons là cette politesse mondaine. La vraie politesse est fille de la charité; elle se montre partout modeste, bienveillante et souriante. On lit sur le visage des gens polis qu'on peut sans crainte les aborder, leur demander un renseignement ou un service. Ils sont toujours prêts à céder leur place à une personne plus âgée ou plus délicate; ils se surveillent partout afin de ne gêner personne, et ont des égards pour tout le monde. Gardez-vous de rire des gens. En Grèce, un vieillard, entré aux jeux olympiens, cherchait une place et n'en trouvait pas. De jeunes Athéniens l'appelèrent, comme pour lui faire place, mais se moquèrent de lui. Aussitôt un jeune Spatiate lui céda la sienne. Les Athéniens applaudirent. Le vieillard leur dit : « Athéniens, vous ne savez qu'applaudir à ce qui est bien, les Spartiates le font : c'est beaucoup mieux. »

Catinat se promenait à Milan, avec quelques officiers. Une personne peu estimable le salue; aussitôt il répond à cette politesse. « Vous pouviez, lui dit quelqu'un, vous dispenser de rendre pareil salut. — Je ne suis pas de votre avis, répondit-il; je serais fâché qu'un général français se montrât moins poli qu'une personne quelconque. »

De méchants écoliers passent près d'une vieille femme qui conduisait des ânes. Croyant faire une fine malice, ils lui disent : « Bonjour, la mère aux ânes. — Bonjour, mes enfants, » répond-elle sans paraître y mettre d'intention. Ils avaient compris, et s'en allèrent l'oreille basse.

Le duc de Rohan s'étant fait annoncer chez un ministre, celui-ci, occupé à ranger des livres dans sa bibliothèque, ne songe pas que le temps s'écoule; et accourt, au bout d'une heure, disant au duc, pour s'excuser, qu'il l'avait oublié. « Dites plutôt, Monsieur, que vous vous êtes oublié, » répondit M. de Rohan. En effet, manquer à ce qu'on doit aux autres, c'est s'oublier soi-même. Une dame, ayant été insultée par un jeune polisson, s'écria : « Misérable! n'as-tu pas une mère? » La charité ne permet pas d'être irrespectueux, et la prudence conseille l'attention à cet égard. Bien des blessures faites par l'impolitesse ont été expiées dans la disgrâce.

Le respect.

Nous devons respecter nos parents et nos supérieurs, car ils tiennent auprès de nous la place de Dieu. Leur devoir est d'exercer leur autorité sur nous pour notre bien, et le nôtre est de leur montrer de la déférence. On doit respecter les personnes consacrées au service de Dieu ; car, en les honorant, on honore Dieu lui-même dans ceux qui sont à lui. On doit donc respecter avant tout les prêtres, les religieux et les religieuses, qui se devouent au service du prochain; ensuite les magistrats, qui rendent la justice ; ceux qui gouvernent le pays, et les militaires, qui exposent leur vie pour la défense de la patrie. Il faut aussi respecter les vieillards, qui ont beaucoup souffert, beaucoup appris; les femmes, qui sont l'honneur de leur famille, par leur dignité et leurs vertus. Enfin il faut même, selon des degrés différents, respecter tout le monde; car il y a en chaque personne une âme faite à l'image de Dieu et destinée à régner éternellement avec lui. Qui donc ne saluerait pas les fils d'un grand roi? Or ne sommes-nous pas tous les fils du Roi des rois? Celui qui ne croit à rien ne respecte rien; mais celui qui craint Dieu connaît le respect et ne manque pas aux égards qu'il impose à chacun de nous.

Le maréchal de Catinat, qui avait glorieusement conduit à la victoire, en plusieurs batailles, les troupes de Louis XIV, vivait dans ses terres très simplement en temps de paix. Un jour qu'il se trouvait près des ouvriers occupés à sa culture, il fut abordé sans façon par un jeune étourdi, qui, le chapeau sur la tête, lui dit : « Bonhomme, je ne sais qui est le propriétaire de ce domaine ; mais tu peux lui dire que je me suis permis de chasser sur ses terres, que cela lui fasse plaisir ou non. » Le maréchal ne répondit rien ; il s'était contenté d'ôter son chapeau. Le jeune chasseur, ayant vu rire les ouvriers, les aborda et leur en demanda la raison d'un air impertinent. « Savez-vous à qui vous avez parlé ainsi ? lui dirent-ils. — Non. — Eh bien, c'est au maréchal de Catinat lui-même ; et s'il eût fait le moindre signe d'impatience, nous vous aurions donné une correction dont vous auriez longtemps gardé le souvenir. » Il serait difficile de dire l'étonnement, la confusion et l'embarras du pauvre garçon. Alors, bien humble et bien repentant, il vint présenter ses excuses au maréchal, disant qu'il ne le connaissait pas. « Je ne vois pas, dit Catinat, qu'il soit nécessaire de connaître les gens pour se montrer poli et respectueux. » Ce fut là toute la vengeance de cet homme illustre, qui était aussi un bon chrétien.

La reconnaissance.

La reconnaissance s'épanouit dans les bons cœurs comme une fleur d'agréable odeur ; elle est la juste récompense des bienfaits et en mérite d'autres. Dieu aime les âmes reconnaissantes et les comble de ses bénédictions. L'ingratitude, au contraire, fruit de la bassesse et de l'orgueil, n'attire que le mépris et le châtiment. Robert, jeune paysan de l'Anjou, ayant servi durant vingt ans un armateur de Nantes, fut marié et établi par celui-ci. Il vivait de son travail, élevant bien ses enfants ; lorsqu'il apprit que des revers de fortune avaient ruiné son bienfaiteur, qui en était mort de chagrin. Il accourut, amena chez lui les malheureux orphelins, et, par son travail, supporta courageusement les charges de cet accroissement de famille. Dieu lui vint en aide : les orphelins, instruits par ses soins et son exemple, travaillèrent à relever la maison de leur père et payèrent ses dettes. Ils s'associèrent les fils de Robert, les regardant à juste titre comme leurs frères. Quant à lui, il finit sa vie, heureux et honoré; il le méritait. Mais que dire des ingrats, de ces enfants dénaturés qui, une fois élevés, gardent pour eux seuls ce qu'ils gagnent et n'aident point leurs parents; ils attireront sur eux de terribles châtiments.

En 1809, le général Lefort, passant par Nogent-le-Rotrou, son pays natal, fit dire à M. Bermont, curé de la paroisse, que quelqu'un demandait à le voir, hôtel du Dauphin. Le vénérable prêtre s'y rendit à l'heure indiquée. Introduit dans une salle splendidement éclairée, il se trouve en face d'une table abondamment servie et autour de laquelle étaient assis des officiers en brillant uniforme. Il fait un pas en arrière, et se retourne vers la porte en disant : « Je me suis trompé, sans doute, excusez-moi. — Non pas, M. le curé, nous vous attendons. » Et, en prononçant ces paroles, le général, courant à l'abbé Bermont, le presse affectueusement dans ses bras. « Vous ne me reconnaissez pas, dit-il au bon prêtre étonné ; je suis Lefort, le bambin qui vous a servi la messe autrefois et à qui vous avez donné les premières leçons. Je n'ai oublié ni vos conseils ni vos bontés, mon digne maître, et vous voyez à mon uniforme que je ne m'en suis pas mal trouvé. » Il fit asseoir à sa droite le vénérable vieillard ; puis, s'adressant aux officiers émus de cette scène touchante, il leur dit : « Messieurs, je vous présente l'homme respectable qui m'a appris à connaître, à aimer, à servir Dieu, et à marcher dans le chemin de l'honneur. Si je suis quelque chose aujourd'hui, je me plais à le dire, c'est au digne abbé Bermont que je le dois. »

Le bien d'autrui ne prendras ni retiendras.

Dieu défend de prendre le bien d'autrui ; sa justice atteindra les voleurs les plus habiles. On peut échapper aux gendarmes et à la prison, on n'échappera pas au jugement de Dieu, qui voit tout, qui sait tout et qui pèse tout dans sa juste balance. Un homme très capable et très habile a amassé une grande fortune par le vol, il n'en jouit pas; car il est sans cesse tourmenté par la crainte d'être découvert et déshonoré. A l'heure de la mort, il se trouve dans une situation terrible : s'il rend ce qu'il a volé, il va déshonorer ses enfants et les réduire à la misère; s'il ne rend pas, il ne peut recevoir l'absolution de ses péché, et il va droit en enfer. Mais il n'y a pas que les grands voleurs qui mettent le salut de leur âme en danger. On dit : « Qui vole un œuf, peut voler un bœuf, » et Dieu n'a pas fait de distinction entre peu ou beaucoup dans sa défense. Les âmes honnêtes ne voleraient pas une épingle. On ne doit pas non plus retenir ce que l'on sait avoir été volé. Tobie dit à sa femme de s'assurer si le chevreau qu'elle a acheté n'a pas été volé. — Un mendiant, ayant reçu une pièce d'or au lieu d'un sou, se dit : « On n'a pas voulu sans doute me donner autant, on s'est trompé, cet or ne m'appartient pas. » Et il le rendit.

De pauvres gens, ayant besoin d'argent, vendirent leurs poules à un voisin. Dès le lendemain de la vente, les poules, par habitude, vinrent pondre dans leurs anciens nids. Le petit garçon de la maison, les ayant vues, se dit : « Les poules sont revenues, je pourrai encore manger de bons œufs frais. » Après quelques instants de réflexion, il ajouta : « Les poules ont pondu chez nous, mais elles ne sont plus à nous, et leurs œufs ne nous appartiennent pas : je ne dois pas les retenir, c'est le commandement de Dieu. » Et aussitôt il porta les œufs à leur propriétaire. Celui-ci charmé de l'intelligence et de la probité de l'enfant, lui dit : « Mon ami, c'est bien ainsi que tu devais agir; le contraire eut été très mal. De mon côté, je dois encourager ta belle conduite ; prends cet œuf pour ton dîner. Je me souviendrai que tu es un honnête garçon, et je veux te bien placer un jour ; Dieu te bénira et tu réussiras.

Un autre enfant, allant à l'école, ramassa dans la boue un portefeuille où il vit trois billets de cent francs. Il eut assez d'esprit et de retenue pour n'en rien dire. Durant la journée, on apprit qu'un paysan, ayant vendu une vache, en avait perdu le prix en tombant sur le chemin, parce qu'il avait bu. S'étant renseigné sur la couleur du portefeuille et sur la somme qu'il contenait, l'enfant le remit à son propriétaire.

Le jeu.

Le jeu est une passion dangereuse, qui mène droit au vol. Les joueurs gagnent quelquefois et finissent par tout perdre. Alors, désespérés, ils volent pour recommencer à jouer ou se donnent la mort. Ils s'accoutument au vol en cherchant à tromper pour gagner. Là ils s'habituent à ne plus écouter la voix de leur conscience, et deviennent des hommes méprisables. On ne doit pas tromper au jeu ; même quand on ne joue que pour s'amuser, toute tromperie est mauvaise. J'ai connu un jeune homme qui, dès son enfance, employait à des jeux de hasard tous ses loisirs. A peine sorti de la classe, au lieu de courir et de se divertir avec ses camarades, il organisait un jeu de bouchon, jouait à pile ou face avec une ardeur extrême. Depuis, il n'a pas cessé de jouer. On me l'a montré un jour comme un objet digne de pitié. Mal vêtu, négligé dans toute sa personne, le visage pâle et fatigué, l'œil éteint, il semblait miné par un profond découragement. Le malheureux, me dit-on, avait d'abord obligé ses parents à payer ses dettes de jeu pour sauver leur honneur, et quand, voyant venir la ruine, ils ont refusé d'en payer de nouvelles, il les a battus et volés. Ils sont morts de chagrin ; et lui, il traîne une existence misérable.

Adolphe était bon et aimable; son seul défaut était de s'intéresser aux jeux d'argent, que les enfants doivent éviter. Excité par un mauvais garçon, nommé Ledru, il joua et perdit un jour plus qu'il n'avait dans sa bourse. Il était humilié de ne pouvoir payer sa dette, et Ledru le harcelait sans cesse à ce sujet. « Viens avec moi, lui dit-il tout bas; je sais où Pierre le ramoneur met sa bourse, nous la prendrons et tu me paieras. » Adolphe eut horreur d'une telle proposition. « Viens donc, lui dit le tentateur ; tu lui remettras cela en cachette quand tu auras des sous. Adolphe se laissa pousser dans le réduit du ramoneur, prit la bourse et la remit à Ledru. Cet argent lui brûlait les mains, a-t-il dit depuis. Son complice lui donna seulement quelques pièces, le menaçant de le dénoncer s'il disait un mot. Dès le soir, Pierre fit entendre ses pleurs dans le voisinage. « J'allais, disait-il, envoyer cette petite somme à ma pauvre mère! » Une marchande de gâteaux lui dit : « Reconnaîtrais-tu ton argent? — Oui, j'avais fait une croix sur chaque pièce. — Celle-ci porte-t-elle la marque? — Oui, voyez. — Eh bien! ce sont ces deux garçons qui me l'ont remise, voilà les voleurs. » On mit Ledru et Adolphe en prison. Ledru fut envoyé dans une maison de correction, et Adolphe, moins coupable et repentant fut rendu à sa famille.

Faux témoignages ne diras ni mentiras....

Dieu est vérité : tout mensonge est un outrage à sa souveraine majesté. On méprise le menteur et personne n'a confiance en lui. Même quand il dit la vérité, on ne l'écoute pas, on ne le croit pas. Un jeune berger criait souvent : « Au loup! au loup! » Les autres bergers accouraient lui prêter secours, croyant son troupeau en danger. Alors l'enfant riait de leur frayeur, et eux s'en allaient mécontents. Cependant il arriva un jour qu'un loup affamé sortit du bois, saisit un agneau dans sa gueule et l'emporta. Le jeune berger, désolé, criait : « Au loup! au loup! » Mais personne ne vint. « Il veut encore se moquer de nous, » dirent les autres bergers. Une mère, racontant cette fable à sa fille, lui disait : « Tu vois, ma fille, si tu continues à mentir, on ne te croira plus et j'en souffrirai ; corrige-toi par amour pour moi. » Elle aurait dû ajouter, « et par amour pour le bon Dieu surtout ; car le mensonge lui déplaît, et c'est lui qui défend de mentir. » Savez-vous qui est le père du mensonge et qui inspire tous les menteurs, c'est le démon. C'est lui qui a dit à Adam et à Ève : « Dieu vous a dit que si vous mangiez de ce fruit vous mouriez. Non, non, vous ne mourrez pas, vous serez au contraire comme des dieux. » Voilà le premier flatteur et le premier menteur.

On raconte qu'un souverain, désirant se choisir un conseiller sincère et ami de la vérité, fit venir près de lui cinq de ses officiers et leur dit : « Je vous ai appelés pour entendre de votre bouche la vérité sur mon gouvernement ; dites-moi franchement ce que vous en pensez, c'est mon désir, et voici votre récompense, » ajouta-t-il en leur montrant cinq anneaux portant de gros diamants. Quatre de ces officiers ne trouvèrent que des éloges à donner au prince et à son gouvernement : tout y était parfait. Il leur remit à chacun un diamant. Le cinquième gardait le silence. « Parle, dit le roi, je veux connaître ton avis. — Je crois, dit celui-ci, que vous dépensez trop pour le faste et les grandeurs, et que les charges de la guerre pèsent trop sur votre peuple ; songez que Dieu vous en demandera compte. » Le roi reprit : « Je ne te donne pas de diamant, mais ma confiance tout entière ; reste avec moi. » Les quatre autres revinrent au palais le lendemain, en disant au roi : « Sire, votre joaillier vous a trompé, les diamants que vous nous avez donnés sont faux. — Je le savais, dit le roi, vous m'avez donné de fausses louanges, je vous ai donné de faux diamants, de quoi vous plaignez-vous ? » Il faut se méfier des flatteurs. « Tout flatteur, tout trompeur, » dit-on et la fable ajoute : « Tout flatteur vit aux dépens de celui qui l'écoute. »

La curiosité.

Victorine apprenait sa leçon, pendant que sa mère, assise à un petit bureau, écrivait une lettre. La fillette n'était guère appliquée, et sa mère était obligée de lui dire souvent : « Mais regarde donc sur ton livre! » Une dame étant venue pour affaire pressée, la mère de Victorine sortit et la lettre commencée resta sur le bureau. L'enfant, cédant à une tentation de curiosité, s'approcha et lut ce qui suit : « Madame la supérieure, ma fille perd son temps ici; et je suis bien décidée à la mettre en pension chez vous, pour qu'elle y achève son instruction. Il m'en coûte de me séparer d'elle; mais il le faut, c'est pour son bien.» La petite fille se mit à pleurer; et sa mère étant rentrée, elle la supplia de ne pas la séparer d'elle, promettant de mieux s'appliquer.... Alors, sa mère la regardant sévèrement, lui dit : « Qu'as-tu fait? Tu as lu une lettre qui n'est pas pour toi; tu as abusé de ma confiance, et tu veux que je te garde près de moi? Non, ma fille, tu mérites d'être punie et pour ta paresse et pour ton indiscrétion. » Le secret des lettres est inviolable; on ne doit ni lire les lettres adressées à autrui, ni écouter aux portes. Par discrétion, les personnes bien élevées se tiennent éloignées des gens qui paraissent s'entretenir d'affaires et parlent bas.

Un homme bienfaisant visitait et aidait les pauvres. Quelques-uns en étaient reconnaissants, d'autres trouvaient à redire sur ce qu'il faisait. Mais il ne cessait pas d'être bon, à l'exemple de Dieu, qui fait luire son soleil sur les bons et sur les méchants. Un jour qu'il passait derrière une haie, il entendit une femme dire à son mari : « Je m'étonne que Dieu ait fait à Adam et à Eve la défense de manger des fruits d'un arbre dans le paradis terrestre; pourquoi ne les a-t-il pas laissés manger de tous les fruits? — Et moi, dit le mari, je m'étonne encore plus qu'ils aient osé y toucher : n'avaient-ils pas assez de fruits? Cette désobéissance nous coûte cher! » Leur bienfaiteur les aborde en disant : « Vous ne pouvez plus travailler, venez chez moi; j'aurai soin de vous. J'exige seulement que vous me prouviez votre reconnaissance en n'ouvrant jamais une soupière qui sera mise chaque jour sur votre table. Ils promirent de bon cœur. Cependant, au bout de deux jours, la femme dit : Que peut-il y avoir dedans? Un mets réservé sans doute; j'en voudrais bien goûter. » Le lendemain, n'y tenant plus, après avoir consulté son mari, elle découvre la soupière. Une souris s'en échappe et disparaît. A ce moment même entrait leur bienfaiteur. « Vous êtes des ingrats, leur dit-il; sortez d'ici et comprenez mieux l'histoire d'Adam et Eve. »

La médisance.

La langue médisante fait des blessures mortelles. Que dit ce bavard?... Que raconte cette médisante?... Comme on écoute! c'est donc bien intéressant? Jugez-en : « On dit que M. A... est dans de mauvaises affaires? — Oh! — C'est certain, tout le monde en parle. Saviez-vous aussi que Mme B... ne nourrit pas ses domestiques? — Vrai? — Et chez M. C... donc. — Qu'y a-t-il? — Ah! des choses qui ne se disent pas.... Vous comprenez... il faut savoir retenir sa langue.... » Et cette langue de vipère en dit plus avec son silence calculé que si elle disait juste ce qui est. Un de mes cousins mourut après s'être ruiné; il laissait sans ressources une veuve, un fils de trente ans et trois jeunes filles. On chercha au plus vite un emploi lucratif pour le fils, devenu l'unique appui de cette famille. Une place de régisseur fut trouvée, et tous allaient avoir au moins le pain assuré. Mais, par malheur, était au château une femme de chambre qui raconta à Madame que le nouveau régisseur avait été au régiment avec son frère, qu'il était sergent-fourrier et qu'il savait s'entendre avec les fournisseurs aux dépens du soldat, etc., etc. Mon pauvre parent fut prié de chercher ailleurs; et il eut beaucoup de peine à se placer.

Julie a peut-être un bon cœur, mais elle ne sait pas garder un secret et fait beaucoup de mal sans y penser. Elle est fort curieuse, écoute ce que l'on dit et s'empresse de le répéter. Elle fait des histoires sur ce qu'elle a entendu à demi, arrange tout à sa façon, et ne se gêne pas pour dire ce qu'elle sait sur le compte de chacun. Un jour, elle entend une voisine disant à son père : « Monsieur, ayez pitié de nous ! Mon malheureux fils, employé chez vous, vous a volé des marchandises, que nous avons trouvées dans sa chambre. Je crains que vous n'alliez vous plaindre à la police, et je viens vous offrir plus que le prix de ces marchandises, pour que vous gardiez le silence. » On promit à cette pauvre mère ce qu'elle demandait. On consentit même à garder l'employé infidèle, pour ne rien laisser soupçonner et lui permettre de se placer ailleurs. Ses parents lui avaient fait de sévères remontrances, il avait bien promis d'être honnête désormais. Cette triste affaire semblait donc terminée et on en remerciait Dieu. Malheureusement Julie avait entendu ; elle s'en alla confier la chose à une amie, qui la répéta à une autre, si bien que de bouche en bouche le secret parvint à la police. Le voleur fut mené en prison, sa famille déshonorée, et le marchand fut soupçonné d'avoir manqué à sa parole ; tels sont les effets de la médisance.

La calomnie.

Quand j'étais écolier, j'ai connu un méchant garçon appelé Léo, qui avait été gâté par ses parents. Il ne pouvait souffrir qu'aucun de nous fût au-dessus de lui en classe ou ailleurs ; il prétendait passer avant les autres partout, toujours. S'il arrivait dans un groupe, chacun devait se taire et l'écouter parler de lui. Il avait toujours à la bouche le *moi* odieux. « Moi, répétait-il sans cesse, moi, j'ai fait bien mieux.... Moi j'ai bien plus.... » Quand on se moquait de sa vanité, il songeait à s'en venger par quelque mauvais tour. L'un de nous, nommé Arsène, d'humeur gaie, lui déplaisait entre tous. Un jour qu'Arsène était retenu au dortoir par une entorse, Léo s'y glissa adroitement et vola une bourse laissée, par négligence, près d'un lit. Le lendemain, on sut qu'un vol avait été commis. Léo s'écria : « Il ne faut pas chercher longtemps pour découvrir le voleur : ce ne peut être que l'élève resté au dortoir. » Arsène, innocent, fut regardé comme étant un voleur, et dut quitter la maison emportant cette flétrissure, qui le suivit durant sa vie et lui fit un grand tort. Lorsqu'il voulut s'établir, aucun de nous ne voulut l'aider. Vingt ans plus tard, on sut la vérité, par Léo lui-même, devenu tout à fait un mauvais sujet, et condamné à la prison.

Aurélie, restée orpheline, fut recueillie par une tante, qui lui donna les mêmes soins qu'à sa fille Louise. Toutefois Aurélie, n'ayant pas de fortune, était vêtue moins richement que sa cousine, appelée à une condition plus élevée, grâce à la position de ses parents. Aurélie, qui n'aurait dû éprouver que des sentiments de reconnaissance, laissa la jalousie entrer dans son cœur. « Pourquoi, se disait-elle, Louise a-t-elle de si riches toilettes, quand je suis habillée comme une domestique?... Encore, si cela lui allait bien! Certes, je porterais mieux qu'elle toutes ces belles parures. J'ai meilleure tournure qu'elle... j'ai aussi plus d'esprit...; je suis bien malheureuse!... » Ainsi l'envie la rendait injuste, et elle s'exagérait les choses pour se donner raison à ses propres yeux et contenter son orgueil. Si elle était vêtue simplement, elle l'était convenablement. Aurélie aurait dû accepter le sort que lui avait fait la Providence et regarder au-dessous du rang qu'elle occupait; elle aurait vu bien d'autres enfants meilleurs qu'elle et plus à plaindre. Lorsque Louise fut en âge de se marier, un jeune homme de bonne famille demanda sa main, et elle était heureuse en pensant à un mariage dont sa famille était fière. Mais Aurélie trouva moyen de dire si adroitement du mal de sa cousine, que le jeune homme se retira et laissa Louise désolée.

Le mépris.

Le mépris est opposé à la charité; il naît de l'orgueil et va de compagnie avec la vanité. Pourquoi méprise-t-on les autres? Parce qu'on s'aime trop et qu'on est jaloux. Voyez toutes ces fillettes dédaigneuses regarder leurs compagnes en faisant une grimace de mépris; elles s'estiment bien au-dessus d'enfants qui valent mieux qu'elles, sans doute, si ces enfants sont modestes. Les gens hautains et dédaigneux sont détestés; on n'ose pas les aborder, on craint d'attirer leur attention; car ils font des blessures qui ne guérissent pas. Voyez ce jeune orgueilleux cligner de l'œil en vous regardant. Ne dirait-on pas que votre présence lui blesse la vue, et qu'il doit fermer à demi ses yeux pour ne pas y laisser entrer votre image? Notre Seigneur a dit à ses apôtres : « Qui vous méprise, me méprise. » N'est-ce pas aussi faire injure à Dieu que de regarder ou de traiter le prochain avec mépris? Nous sommes tous les enfants du Père céleste, tous l'ouvrage de ses mains, et nul n'a le droit de mépriser son frère, enfant d'un même Père et racheté du sang de Jésus-Christ. Si votre frère fait mal, avertissez-le, reprenez-le, si vous pouvez le faire ; mais ne le méprisez pas, et craignez les justes jugements de Dieu.

Amélie, gâtée par ses parents, était devenue une petite « précieuse. » Sans être méchante, elle pensait qu'il est permis et de bon genre d'affecter quelque réserve à l'égard des personnes que l'on croit au-dessous de soi, par la position ou par l'éducation. Il arriva que son père, ayant perdu sa fortune, dut solliciter un emploi dans une importante usine. On l'admit à titre d'essai. A cette bonne nouvelle, sa femme se hâta de venir le rejoindre avec sa fille. Le voyage se fit en chemin de fer et fut long. Amélie se trouva assise à côté d'une enfant de son âge, un peu maladive, aux manières fort douces, accompagnée de sa mère, et habillée proprement mais simplement. Bien des fois la jeune voyageuse parut vouloir lier conversation et même jouer avec Amélie. Mais celle-ci, tenant absolument à passer pour une demoiselle de grande condition, ne répondit à ses avances qu'avec dédain, et en regardant son visage maladif avec une curiosité offensante. La mère de cette jeune fille, s'en étant aperçue, l'engagea à laisser en paix la demoiselle aux airs superbes. Or, en descendant du train, Amélie, après avoir embrassé son père, le vit présenter ses hommages empressées à sa jeune voisine, qui se trouvait être la fille de son chef dans l'usine. Jugez de la confusion d'Amélie, et combien alors elle regretta de n'avoir pas agi d'une façon tout opposée !

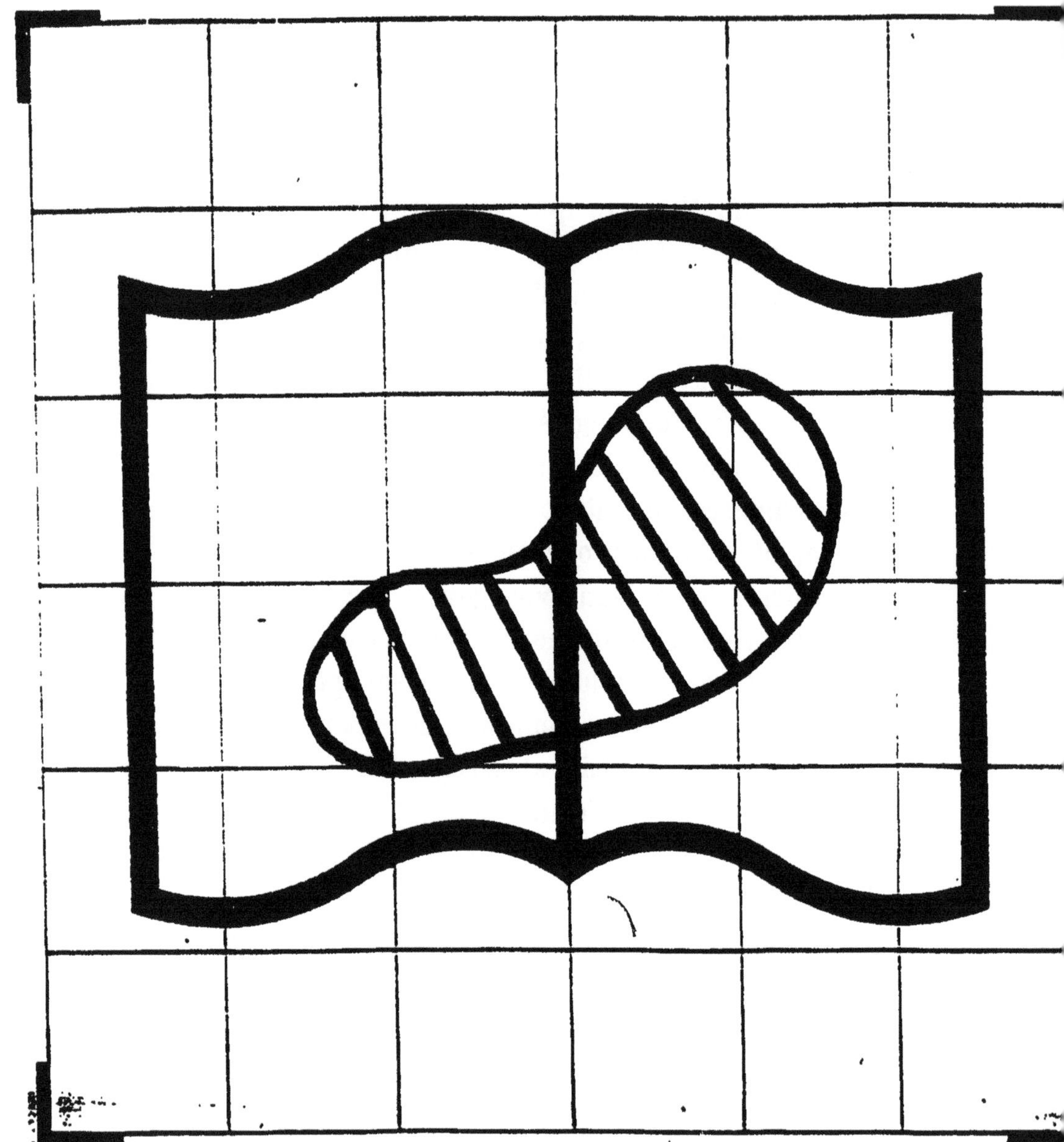

Se corriger soi-même.

Nous regardons avec malice et avec chagrin ou mépris les défauts d'autrui, mais nous sommes pleins d'indulgence pour les nôtres. Un tel ne se gêne avec personne et agit partout comme s'il était chez lui. « Oh ! qu'il est grossier !... quel effronté !... quel manque de délicatesse !.., » S'il nous arrive de faire de même : « Ce n'est pas grossièreté chez nous : c'est une manière d'être aimable et de mettre tout le monde à son aise. » Une telle est toujours occupée d'elle. « Quels airs elle se donne ! elle ne voit rien, n'entend rien.... Son esprit n'est appliqué qu'à ses jolies manières, qui sont autant de grimaces qu'elle a arrangées, étudiées devant son miroir.... Quand elle parle, ce n'est pas pour vous dire des choses obligeantes, croyez bien ; c'est pour faire entendre l'harmonie de sa belle voix, et vous faire croire qu'elle a bon cœur...; comme si on ne savait pas qu'elle n'a point de cœur et n'aime qu'elle même.... » Et vous ? « Ah ! moi, c'est différent ; j'ai moins de vanité et plus de cœur, ça c'est certain. » Ce n'est pas très certain ; voir si bien les défauts des autres, c'est être méchant. « Hypocrites, dit Notre-Seigneur, ôtez donc la poutre qui est dans votre œil, avant de vouloir ôter la paille que vous voyez dans l'œil de votre voisin. »

Mme de Beaulieu, modèle des mères chrétiennes, a élevé dix enfants. Trois de ses fils sont missionnaires, deux sont officiers dans l'armée, deux autres sont magistrats, et trois de ses filles sont religieuses. Il fut un temps où ces hommes, pleins de talents et de vertus, et ces saintes filles, toutes distinguées par d'éminentes qualités, vivaient ensemble sous l'œil vigilant de leur mère. Enfants, ils avaient les défauts de l'enfance. Tout ce petit monde se chamaillait un peu. La digne mère avait toujours un mot d'affection pour consoler les plus faibles, toujours une parole de sagesse propre à redresser les torts des oppresseurs, toujours un conseil utile pour tous. Elle les engageait à supporter mutuellement leurs défauts, à s'en corriger, à s'aimer toujours, et à songer en toute circonstance que Dieu, qui sait tout, pèse les mérites de chacun, et ne nous laisse pas le droit de le faire nous-mêmes. « Avant de blâmer vos frères et vos sœurs, disait-elle, voyez vous-même ce que vous êtes devant Dieu, et vous serez plus indulgents pour les autres. » Quand son petit Paul se mettait en colère, elle le plaçait en face de son miroir, en disant : « Vois combien on est laid quand on est méchant. Oserais-tu te montrer devant le monde avec un tel visage ? Eh bien, mon enfant, la colère te rend encore plus laid devant Dieu, qui voit tout. »

La richesse.

La richesse brille à tous les yeux; le pauvre la regarde souvent avec envie, quelquefois avec colère. « Pourquoi, dit-il, voit-on des gens si heureux et d'autres si malheureux? » L'enfant, qui ne sait rien encore de ce qu'est la vie ici-bas, ne peut voir la richesse s'étaler sans faire les plus beaux rêves. « Si j'étais riche, je serais très heureux, moi, et j'aurais toutes sortes de belles choses; je ferais tout ce que je voudrais.» Détrompez-vous, enfant: les riches ont de belles choses, mais ils ne sont pas heureux avec cela; ils ont des chagrins et des maladies comme les pauvres, ils en ont quelquefois davantage. » Notre-Seigneur a dit une parole qu'il ne faut pas oublier : « Malheur à vous, riches, malheur à vous, qui avez votre consolation en ce monde! » Cela veut dire qu'ils sont très exposés à ne l'avoir pas en l'autre. Il est, en effet, très difficile à un riche d'entrer dans le royaume des cieux, parce que le bien-être détourne les chrétiens de la pénitence nécessaire pour aller au ciel; et que l'argent, qui doit être employé au bien et au soulagement des malheureux, est souvent employé en plaisirs coupables, qui mènent à la damnation éternelle. Jésus-Christ a choisi la pauvreté; il eût choisi la richesse, si elle était meilleure.

Saint Paulin comptait parmi ses ancêtres plusieurs sénateurs illustres. Lui-même avait été préfet des Gaules, et il était l'objet de l'admiration des hommes distingués de son siècle. Il avait toutes les qualités de l'esprit et toutes les grâces du corps; c'était, comme on dit dans le monde, un homme accompli. Il possédait de très grandes richesses, qu'il tenait de sa famille. Cependant il renonça à tout, vendit ses biens, les donna aux pauvres et prit l'habit religieux. Sa vertu fut telle et sa réputation de sainteté devint si grande que, malgré lui, il fut nommé évêque de Nôle, en Italie. Là encore il donna aux pauvres tout ce qu'il pouvait recevoir. Un jour, n'ayant plus rien à donner, il se vendit comme esclave pour racheter le fils d'une pauvre veuve. Emmené en Afrique, il y exerça l'état de jardinier. Son maître, étonné de son savoir, finit par apprendre qui il était. Il le renvoya comblé de biens, et il rendit, à cause de lui, la liberté à tous les esclaves pris sur son diocèse durant la guerre. Ce saint homme, disait après sa conversion : « On est toujours assez riche quand on connaît Dieu, quand on le sert bien, quand on espère en lui et qu'on l'aime. » — « Ne vous amassez point des trésors sur la terre, dit Notre-Seigneur; mais amassez-vous des trésors dans le ciel, où ni la rouille ni les vers ne peuvent les consumer.

La pauvreté.

« Pauvreté n'est pas vice. » Quand la pauvreté n'est pas amenée par la paresse et l'inconduite, elle est très respectable; car Notre-Seigneur a voulu naître et vivre dans la pauvreté, et après lui tous ceux qui choisissent de vivre dans la pauvreté, comme les religieux et les religieuses. Que les pauvres se consolent donc. La pauvreté les met sur le chemin du ciel, et leur salut est assuré s'ils supportent leurs peines avec patience; car ils vivent à l'exemple de Jésus-Christ, et sont dans l'amitié de Dieu. « Bienheureux les pauvres d'esprit, dit Notre-Seigneur; le royaume du ciel leur appartient. » Les pauvres d'esprit sont ceux qui n'ont pas d'attachement aux biens de la terre, qui se contentent du nécessaire, et n'aiment pas le luxe et le superflu. Il y a des riches qui ont cette pauvreté et des pauvres qui ne l'ont pas, parce qu'ils désirent le bien d'autrui. Dieu, qui voit le fond des cœurs, ne mettra dans son paradis que ceux qui en seront dignes. Mais heureux ceux qui l'aiment et le servent : ceux-là seuls sont riches de la vraie richesse des biens du ciel. C'est Dieu qui donne ou retire la fortune. « Les uns distribuent leurs biens, et ils s'enrichissent; d'autres dérobent ce qui ne leur appartient pas et ils sont néanmoins toujours pauvres. »

Née dans un palais, portée à l'église sous un riche dais, placée dans un berceau d'argent, vêtue d'une robe brodée d'or, sainte Élisabeth n'aima que la pauvreté, par amour pour Notre-Seigneur, qui a vécu pauvre étant sur la terre. Toute sa joie était d'assister aux offices de l'Église, les dimanches et les fêtes. Chaque fois qu'elle le pouvait, la sainte enfant entrait dans la chapelle du château, faisait ouvrir un grand psautier, et, bien qu'elle ne sût pas encore lire, elle en entendait la lecture à genoux, ses petites mains jointes, et levant les yeux au ciel avec un recueillement merveilleux. Souvent elle réunissait là ses petites amies, et ensemble elles récitaient les prières qu'elles avaient apprises. On était quelquefois étonné d'entendre une enfant si jeune parler de la mort qui nous attend tous, sans que nous sachions ni le jour ni l'heure où elle viendra. Elle ne permettait qu'on la couvrît de beaux habits que le jour du Seigneur. « Alors, disait-elle, c'est pour honorer Dieu et non pour parer sa misérable créature. » Hors de là on la voyait vêtue très simplement, allant partout porter des secours aux malheureux. Chassée de son palais à la mort de son époux, elle se soumit à toutes les épreuves, qu'il plut à Dieu de lui envoyer et montra une admirable résignation : elle se réjouissait de souffrir à l'exemple de Jésus-Christ.

La confiance en Dieu.

La bonté divine s'étend jusqu'aux fourmis et aux moucherons : combien notre âme, créée à l'image de Dieu et rachetée par le sang de Jésus-Christ, ne doit-elle pas attendre davantage ? Dieu nourrit les êtres qui ne le connaissent pas, il comble de ses dons les impies qui l'outragent : que ne fera-t-il pas pour les chrétiens qui l'honorent et qui l'aiment ? Ne désespérons donc jamais, en quelque danger que nous soyons ; car Dieu est toujours présent et toujours prêt à nous venir en aide. Crions vers lui, et il entendra notre prière. Il nous a promis sa protection, il ne manquera pas à sa parole. « Je serai avec vous dans la tribulation, » nous dit-il. Pas un cheveu de notre tête ne peut tomber sans sa permission. Toute la fureur des éléments, toute la malignité des hommes, toute la méchanceté des démons ne peuvent nous nuire, si Dieu ne le permet pas. Jamais il ne laissera périr celui qui a confiance en lui. Dans le malheur, disons-lui : « En vous, Seigneur, j'ai mis toute mon espérance ; ne permettez pas que je sois confondu. » Abandonnons-nous à la conduite de Dieu ; nos intérêts seront mieux entre ses mains qu'entre les nôtres. Jetons-nous entre ses bras, il ne se retirera pas pour nous laisser tomber : nous sommes ses enfants.

J'AI CONNU, il y a trente ans, dans la prospérité, un commerçant des plus honorables. Or il arriva que des revers de fortune jetèrent brusquement cet homme dans la ruine. Tous ses biens furent vendus, et ses enfants se trouvèrent réduits à gagner leur pain. Accablé par un tel malheur, il fut tenté d'en chercher l'oubli dans la mort. Mais il se souvint qu'il était chrétien. « Non, se dit-il, je ne cèderai pas au désespoir et ne manquerai pas de courage. Me donner la mort serait un malheur plus grand que tout autre, puisque ce serait la perte de mon âme. Je n'ai pas le droit de disposer de ma vie qui appartient à Dieu, et je me dois à ma famille. » Puis, se tournant vers Dieu, il lui dit : « Seigneur, rien n'arrive sans que vous l'ayez voulu ou permis : que votre volonté soit faite. Je m'humilie sous la main qui me châtie, et je confesse mes torts. Ayez pitié de mes enfants; bénissez-les dans votre bonté paternelle, et ils deviendront plus riches qu'ils n'étaient, soit des biens de ce monde, soit de ceux de l'éternité, qui valent infiniment mieux. » Dieu l'exauça : son fils aîné reprit les affaires et prospéra. Deux autres entrèrent dans les ordres, où ils devinrent riches en vertus et en mérites. Ses filles, admises dans la vie religieuse, remercièrent Dieu toute leur vie d'un malheur qui les avait sauvées des dangers du monde.

DEUXIÈME PARTIE

Ce qu'il est bon de savoir.

Nous passerons sur la terre un certain nombre d'années; et pour y vivre comme il convient, remplir nos devoirs, satisfaire à nos divers besoins, il faut nous instruire sur beaucoup de choses qu'il est utile de connaître. Il y a des choses que tout le monde doit savoir plus ou moins selon la mesure de son intelligence; nous en dirons quelques mots dans ce qui suit. Il en est d'autres qu'il faut laisser à ceux qui doivent s'en occuper. Ainsi, il n'est pas nécessaire d'apprendre tous les états, car on n'en saurait aucun assez bien. Mais durant l'enfance, il est utile d'apprendre un peu de ce qui est essentiel dans les principales professions, afin de suivre celle pour laquelle on se sent de l'aptitude. Quand on a choisi une profession selon ses forces, il est sage de s'appliquer à la bien connaître et à n'en pas changer. Tous les états sont lucratifs, et on peut y vivre si on les exerce bien; l'important est d'en choisir un bon. Epaminondas après avoir commandé les armées, fut chargé d'un petit emploi. Il dit à ce sujet : « Ce ne sont pas les places qui deshonorent les hommes, mais ce sont les hommes qui honorent les places. »

Un de nos petits fermiers n'avait qu'un fils, qui pouvait devenir un bon cultivateur. Mais travailler des bras toute sa vie, quelle destinée!... « Femme, dit un jour le fermier, m'est avis que notre garçon peut faire mieux que remuer la terre. — Dame, notre Polyte peut tout comme un autre manier la plume. » L'enfant fut envoyé au collège, où il resta près de dix ans. A force de privations et d'économies, les bonnes gens purent payer son instruction et son entretien. En quittant le collège, il dut aller à Paris subir des examens, étudier pour devenir notaire, avocat ou médecin. Alors il fallut vendre pièce à pièce le petit bien, le produit de la ferme ne suffisant plus a toutes les dépenses qu'exigeaient les études, et, disons aussi, les amusements de monsieur Polyte, qui ne revenait même plus au village, y trouvant la vie ennuyeuse, et ayant honte de la condition modeste de ses parents, si dévoués et si malheureux à cause de lui. Abandonné à lui-même, ce jeune homme ne réussit pas dans ses examens, et dut laisser là tous ses beaux rêves, après avoir ruiné ses parents. Trop fier pour se mettre simple clerc de notaire, il fit un commerce auquel il n'entendait rien, contracta des dettes qu'il ne put jamais payer, et traîna une existence des plus tristes, accusant de son malheur ses parents, qui en moururent de chagrin.

Le corps de l'homme.

Le corps de l'homme est fait pour se tenir droit; la face levée vers le ciel. Il est soutenu à l'intérieur par les *os*, autour desquels sont attachés les *muscles*, qui tirent nos membres dans le sens que nous voulons. La poitrine renferme les *poumons*, dans lesquels l'air respiré donne au sang de nouvelles qualités; et l'*estomac*, ainsi que les *intestins*, qui élaborent la nourriture. Le *sang*, par de petits canaux, appelés *artères*, porte cette nourriture dans toutes les parties du corps. Au centre de la tête se trouve la *cervelle*, de laquelle partent de petits filets blancs, qui sont les *nerfs*. La volonté, qui a son siège dans la tête, fait agir les bras, les jambes au moyen des *nerfs*, et y arrive, comme l'électricité, par les fils télégraphiques. Je veux écrire, aussitôt mes doigts font aller la plume; je veux marcher, mes pieds se mettent en mouvement. Si j'ai froid ou chaud, si quelque chose me fait bien ou mal, ce sont d'autres nerfs qui m'apportent ces *sensations*. C'est ainsi qu'à l'aide du corps, qui est son instrument, son *organe*, l'âme prend connaissance de ce qui l'entoure, et se met en communication avec les choses extérieures. On conçoit combien l'âme est plus noble que le corps, et que c'est elle qui doit commander tous nos mouvements.

ÉDOUARD rentre à la maison tout indigné. « Croirais-tu, dit-il à son frère, que le boucher d'en face m'a dit, sans rire, que nous avons le corps fait comme celui d'un cochon ! Je le regardais découper sa viande, lorsqu'il fendit le ventre d'un porc du haut en bas, et me dit : « Regarde, mon petit, c'est ainsi que nous sommes faits en dedans. » Mais allons donc! malgré son air sérieux, je n'ai pas voulu le croire. Son frère lui répondit : « Tu pouvais toujours regarder comment est fait l'intérieur d'un cochon, cela eût pu t'être utile, le jour où tu devras apprendre ce qu'il y a dans celui d'un homme. Sans être absolument semblables, le *cœur* et les *poumons*, l'*estomac*, les *intestins* et encore d'autres organes se trouvent dans tous les deux. S'il eut ouvert devant toi le corps d'un mouton ou d'un chien, il eût pu te dire la même chose. Quand Azor fait le beau, est-ce qu'il n'a pas sa tête en haut comme nous, ses pattes de devant qui lui servent de bras, les autres qui lui servent de jambes ? — Oui, dit Édouard, mais ce ne sont que des membres de chien, incapables de mieux et ne ressemblant guère aux nôtres. — Eh bien, la réponse est là : ce qui est de l'animal n'est pas ce qui est de l'homme, malgré toute ressemblance. Notre corps a des *organes* comme en ont ceux des animaux, mais notre âme les anoblit en s'en servant. »

Les cinq sens.

Par les cinq sens, l'homme communique avec ses semblables et peut connaître ce qui est autour de lui. La *vue* est un des plus grands bienfaits de la Providence. Afin qu'elle dure longtemps, on ne doit pas l'exposer inutilement et imprudemment à la fatigue. Il ne faut ni regarder le soleil en face, comme font les aigles, dit-on ; ni lire à une lumière trop faible. L'exercice du dessin perfectionne le sens de la vue ; et il est bon de regarder au loin, pour combattre les dispositions qu'on peut avoir à la myopie. L'*ouïe* est aussi un sens précieux, dont la privation rend malheureux. Il faut la conserver, en évitant les bruits trop violents, les coups d'air, les refroidissements et la malpropreté. L'exercice de la musique perfectionne la délicatesse de l'oreille, c'est-à-dire de l'audition. Le sens du *goût* nous fait trouver plaisir à prendre nos aliments, mais ne doit pas nous porter à la gourmandise. Le sens du *toucher* supplée en partie à la vue chez les aveugles, et nous permet d'apprécier les choses que la vue ne peut distinguer. Les occupations trop rudes détruisent la délicatesse du toucher. Par l'*odorat* nous jouissons du parfum des fleurs et des fruits et nous sommes avertis du danger des odeurs malfaisantes ou nuisibles.

J'AI CONNU GUSTAVE quand il n'avait que dix ans : c'était un méchant garçon, qui donnait beaucoup d'inquiétude et de chagrin à ses parents. Les vieilles gens de l'endroit disaient souvent : « Bien sûr, Dieu le punira. » A côté de chez lui vivait retirée une bonne femme, devenue très sourde. Il s'en amusait en lui criant aux oreilles de fausses nouvelles ; il lui disait tout haut des injures qu'elle n'entendait pas, et qu'elle prenait pour des politesses, le voyant saluer d'un air honnête. Les enfants, témoins de ces méchancetés, en riaient aux éclats. Cependant quelques-uns se disaient tout bas : « C'est vilain ; je ne voudrais pas faire cela. » Un jour, il voit passer un aveugle. Aussitôt il cherche quel mauvais tour il jouera à ce malheureux. Il s'approche et dit : « Bon homme, vous vous trompez ; venez par ici. » Et il l'attire sur la pente d'un fossé. L'aveugle, se sentant glisser, pousse un cri et tombe dans l'eau. Gustave trouvait cela très amusant. Un homme, qui travaillait à quelque distance, accourut, retira l'aveugle, et, sans bruit, attrapa le garnement, à qui il administra une verte correction. J'ai su, il y a peu de temps, que l'inconduite avait rendu ce Gustave sourd et aveugle. S'amuser de celui qui « n'a plus tous ses sens » est une lâcheté et une indignité : Les malheureux ne doivent exciter que notre compassion.

Le soin du corps.

L'homme n'est sur la terre qu'en passant. Quand il y a demeuré quatre-vingts ans et même plus, il trouve que c'est peu, et il s'estimerait bien malheureux, si tout devait finir pour lui à la mort comme pour les animaux : autant vaudrait n'être pas venu au monde. Il attend mieux ; il sait que son âme ne peut mourir, que notre Père des cieux nous a imposé quelques années de travail, après quoi le corps mourra. Il aime ce corps, puisque Dieu le lui a donné ; il le respecte, parce que c'est le chef-d'œuvre de la création visible, parce que c'est la demeure de l'âme, parce que c'est le temple du Saint-Esprit, qui daigne l'habiter par sa grâce. Il soigne ce corps, pour le mettre en état de travailler ; il l'accoutume à supporter la fatigue, et le préserve autant qu'il le peut des maladies et des accidents. Mais il ne doit pas le gâter. Accorder au corps tout ce qu'il demande, c'est lui préparer la maladie, c'est l'aider à perdre l'âme. Le corps éprouve des appétits pareils à ceux des animaux auxquels il ressemble en bien des points. Les animaux doivent être domptés, et notre corps également. L'animal indompté s'emporte contre nous ; de même le corps gâté et vicieux s'emporte contre l'âme et la tue, en l'entraînant dans le mal.

Mme. Ledoux aimait son petit Auguste à la folie. Elle lui permettait tout, et n'avait pas la force de le réprimander. L'enfant grandit ainsi, se croyant tout permis et se permettant tout. Il ne savait rien se refuser, ses exigences étaient incessantes, et chacun souffrait autour de lui. Un soir qu'il s'amusait au clair de la lune, sa mère l'entend pousser des cris de colère; elle accourt : « Pourquoi, dit-elle à la domestique, faites-vous pleurer cet enfant? Donnez-lui ce qu'il demande. — Ma foi, Madame, venez vous-même le lui donner, pour moi je ne m'en charge pas. — Et pourquoi cela? dit Mme Ledoux avec humeur, — M. Auguste a vu l'image de la lune dans un seau d'eau et a voulu l'avoir. » La faible mère ne put s'empêcher de rire ; mais au lieu de corriger son fils, elle lui donna autre chose pour l'apaiser. Auguste grandit ainsi, ne vivant que pour ses aises, ses satisfactions et ses plaisirs. Pour y suffire, il dépensa rapidement la fortune de sa mère et se trouva réduit à la misère. Il eût bien voulu travailler et gagner quelque chose, mais le travail était trop pénible pour ce corps toujours si choyé. Auguste s'associa à une bande de mauvais sujets, vécut comme eux et périt avec eux. On disait à un saint : « Vous traitez votre corps trop rudement. » Il répondit : « Je tue mon corps afin qu'il ne tue point mon âme. »

Les aliments.

Il faut manger pour vivre, et non pas vivre pour manger. Prendre au delà du nécessaire, c'est se faire mal et commettre le péché de gourmandise. Il faut savoir, en outre, que *ce n'est pas ce que l'on mange qui nourrit, mais ce que l'on digère.* Il faut, par conséquent, avoir assez de raison pour ne pas surcharger l'estomac, et lui refuser ce qui le rend malade, comme les sucreries, les pâtisseries, les liqueurs. L'homme se nourrit de pain, de viande et de légumes. Le mélange de ces aliments lui convient. Les ouvriers occupés à des travaux pénibles ont besoin de manger de la viande pour se soutenir; les enfants et les personnes qui se livrent à des occupations faciles doivent en manger moins, le laitage et les œufs leur conviennent. Après le repas, on doit laisser l'estomac faire le travail de la *digestion*, et pour cela prendre du repos ou se livrer à des distractions agréables, au grand air autant que possible. Trop d'exercice et de jeux trouble la digestion au lieu de la favoriser; il faut se modérer en tout. L'eau est la meilleure de toutes les boissons; presque tous les centenaires ont été des buveurs d'eau. Les liqueurs ne font de bien à personne et font beaucoup de mal aux enfants; ils ne doivent jamais en prendre.

Le peuple romain, mécontent des grands qui le gouvernaient, quitta Rome et se retira aux environs, disant : « Nous cultivons la terre, nous subissons les charges de la guerre pour défendre une ingrate patrie ; nous ne voulons plus supporter les fatigues, pendant que d'autres ne font rien. » Un patricien vint les trouver et leur rappela cette fable : Un jour, les membres refusèrent de travailler, disant : « Pourquoi tant nous » fatiguer et pour qui ? Pour l'estomac, qui ne » fait rien. » Et les jambes refusèrent de marcher, les bras de remuer, la tête de penser à quoi que ce soit. Or il arriva que l'estomac, ne recevant plus de nourriture, ne put en donner aux membres. Tout le corps languit bientôt ; les bras et les jambes demeurèrent sans force. Bref, tous les membres reconnurent bientôt que chacun d'eux a sa part de besogne ; que l'estomac, qui semble ne rien faire, travaille aussi. Chacun d'eux se remit au travail, et avec la bonne entente revint la santé. » Le peuple comprit et rentra à Rome. Dans un ensemble bien ordonné, toutes les fonctions concourent à un même but. Mais quand l'estomac est malade, tout le corps est souffrant, les membres et les organes sont languissants. Il faut donc ne pas abuser de son estomac en mangeant trop, en usant de choses qui lui font mal et le rendraient incapable de remplir ses fonctions.

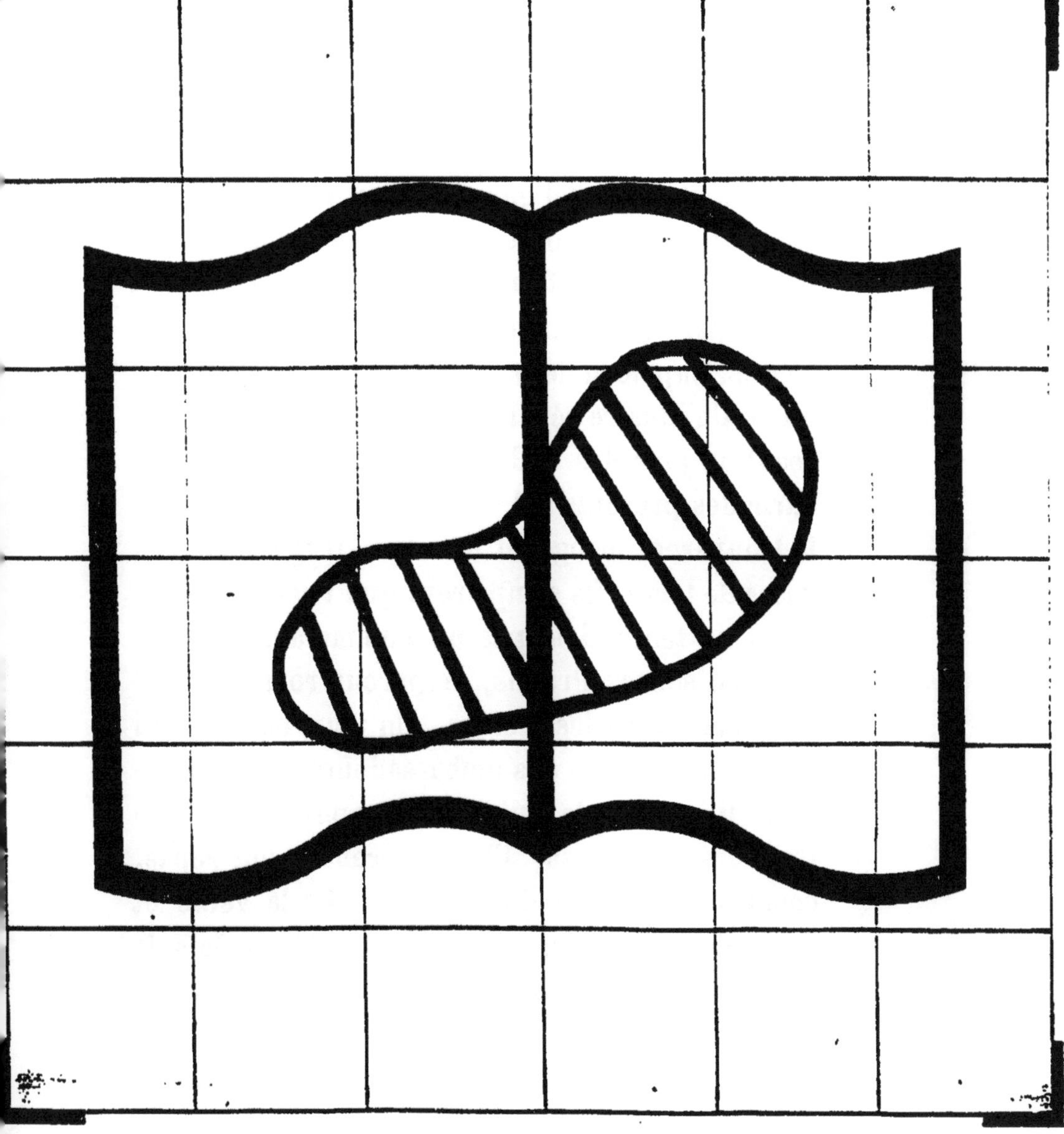

La sobriété.

La gourmandise prépare beaucoup de maladies, et l'*intempérance* a tué plus d'hommes que le glaive dans les combats; mais la *sobriété* entretient la santé. Les hommes sobres se portent bien, sont maîtres d'eux-mêmes et font de grandes choses; tous les saints ont été remarquables par cette vertu, qui affranchit l'esprit des exigences du corps. La plupart des grands hommes ont été sobres. Napoléon ne passait qu'un quart d'heure à table. Un illustre général romain, Curius-Dentatus, reçut un jour des ambassadeurs qui venaient lui offrir des présents s'il voulait trahir sa patrie; ils le trouvèrent mangeant un repas frugal dans des vases de terre. Ils comprirent que tous leurs présents ne tenteraient pas un homme aussi simple et aussi sobre. Probus, empereur romain, était en guerre avec les Perses. Un jour, on vint lui annoncer l'arrivée des ambassadeurs de cette nation. Il commanda qu'on les fit approcher. Ils le trouvèrent assis sur l'herbe prenant son repas, composé d'un plat de légumes cuits la veille et de quelques morceaux de viande salée. « Je suis l'empereur, leur dit-il; vous pouvez dire à votre maître que, s'il ne fait pas la paix, votre pays sera dévasté. » Le roi des Perses, effrayé d'avoir affaire à un tel homme, se hâta de conclure la paix.

En 1488, il y avait en Espagne un gentilhomme et sa femme qui étaient pieux et charitables. Dieu leur donna un enfant, qui, dès ses premières années, pratiqua des vertus au-dessus de son âge; il était doux et soumis à ses parents et à ses maîtres. Il se montrait d'une sobriété extraordinaire chez un enfant, et quand on lui en demandait la raison, il répondait qu'il ne pouvait se décider à manger des friandises alors qu'il voyait tant de malheureux manquer du nécessaire. A l'école, il donnait souvent son déjeuner aux enfants pauvres. Quand il en voyait un mal vêtu, il lui donnait ses propres vêtements. On le vit quelquefois rentrer chez lui tête nue, sans souliers, sans habit. Le pieux enfant se disait en son cœur : « J'ai revêtu aujourd'hui Jésus-Christ dans la personne de ce malheureux. » Lorsque sa mère avait distribué tout le pain destiné aux pauvres, si un mendiant survenait, il lui donnait son dîner, s'offrant à ne pas dîner ce jour-là. Souvent sa mère y consentait, pour mettre sa vertu à l'épreuve. Quand il recevait quelque monnaie, il achetait des œufs qu'il portait aux malades. Son esprit était aussi vif que son cœur était bon : il fit de brillantes études et devint évêque de Grenade. C'est saint Thomas de Villeneuve. De tels exemples de la part des saints nous montrent le prix de la sobriété.

L'exercice.

Pour bien se porter, il faut : 1° respirer un air pur; 2° prendre une bonne nourriture; 3° se garantir contre les choses nuisibles; 4° se livrer à un exercice régulier. L'exercice au grand air fortifie; les enfants de la campagne, moins bien nourris que ceux des villes, sont cependant plus robustes, grâce à l'air pur qu'ils respirent, et les pauvres des villes se rendent malades en s'enfermant dans leurs petites chambres, où ils exercent des métiers sédentaires. Dieu a condamné l'homme au travail, et le paresseux, qui n'obéit pas à ce commandement, en est puni dès ce monde. Il est à charge à lui-même et aux autres; c'est, dit-on, un être inutile et méprisable. Et comme la paresse est la mère de tous les vices, le paresseux devient vicieux. Son esprit inoccupé est toujours à la recherche de quelque mauvais dessein; et son corps s'amollit au point que, s'il veut un jour se mettre au travail pour vivre honnêtement, il n'en a plus la force. Il finit dans la misère et la maladie; puis il va devant Dieu, qui lui demande ce qu'il a fait pour gagner le ciel. Répondra-t-il qu'il a bien bu et bien mangé? Les animaux n'en font-ils pas autant? Quel salaire mérite un pareil ouvrier? Mais il s'est fait des occupations amusantes. Alors il a déjà reçu sa récompense.

Un mendiant vient se plaindre au juge qu'un laboureur, l'ayant trouvé près de s'endormir sur la route, l'a secoué rudement, voulant le faire marcher. « Passe ton chemin, lui ai-je dit, et laisse-moi en paix. » Mais il s'est mis à me crier aux oreilles, et voyant que je ne l'écoutais pas, il m'a cinglé de coups de fouet comme si j'avais été un animal. — Vous n'aviez pas le droit d'agir ainsi, dit le juge au laboureur; pourquoi avez-vous maltraité cet homme? Vous a-t-il insulté ou fait quelque tort? — Aucun; je l'ai trouvé couché sur la route à l'endroit où elle est traversée par le chemin de fer. Je me suis dit : Si ce malheureux reste là, il sera tout à l'heure coupé en morceaux par le train qui arrive; j'ai donc voulu l'éveiller. Il m'a répondu qu'il se trouvait bien là et qu'il y resterait. Cet homme a bu, ai-je pensé; alors, pour en finir plus vite et le mettre en état de me comprendre, je lui ai fait sentir quelques coups de fouet. — Les choses étant ainsi, dit le juge au mendiant, cet homme vous a rendu service, et, au lieu de l'appeler ici pour l'accuser, vous deviez le remercier. Que serait-il arrivé sans l'avertissement qu'il vous a donné? Vous auriez péri d'une mort affreuse, qui n'eût été que l'effet et le châtiment de votre paresse. N'avez-vous pas honte, à votre âge, de vous livrer ainsi à la fainéantise? »

Les habitudes.

L'enfance est l'apprentissage de la vie. La vie est une suite de devoirs à accomplir, de souffrances à supporter. Les enfants doivent donc s'y préparer par l'habitude. On réussit par l'habitude à faire ce qui semblait impossible, à trouver facile ce qui au début semblait très difficile. Voyez cet enfant si habile dans tous les exercices de la gymnastique, c'est l'effet de l'habitude. Il a commencé par des exercices simples, et il est arrivé peu à peu aux exercices compliqués. Ne voit-on pas, dans chaque état, les ouvriers exécuter facilement des choses que d'autres ne pourraient entreprendre? Il faut donc, dès la jeunesse, s'habituer au travail; on le trouve moins difficile et moins désagréable à mesure qu'on s'y livre. On finit même par y prendre plaisir, attendu que la santé s'en trouve bien, et que l'on y gagne honorablement de quoi suffire à ses besoins et aider ceux à qui l'on se doit. Du reste, faites-y bien attention : *vous contracterez des habitudes, et si vous n'en contractez de bonnes, vous en contracterez malgré vous de mauvaises.* Si vous n'êtes pas laborieux et courageux, vous serez fainéant et méprisable; si vous n'êtes pas tempérant, vous serez débauché; si vous ne savez rien souffrir, vous deviendrez insupportable.

Le petit Amédée, étant allé au cirque, fut bien étonné de voir des hommes qui se tenaient debout, n'ayant qu'un seul pied posé sur un cheval lancé au galop ; d'autres qui marchaient sur une corde tendue, d'autres qui faisaient tourner des poignards autour de leur tête sans jamais se blesser, etc. Il vit même, au milieu du cirque, un joueur de violon poser une échelle sur ses deux montants, sans l'appuyer contre quoi que ce soit, grimper sur les échelons, et, de là-haut, jouer un air, tout aussi bien que s'il eût été sur sa chaise. Il vit encore des enfants qui marchaient sur les mains, ayant les pieds en l'air, etc. Tous les jours suivants, il en causait avec sa maman, il en rêvait la nuit. « Mais comment font-ils? répétait Amédée. Sa mère lui dit : « Mon enfant, c'est l'habitude qui leur a rendu tout cela facile. — Oh! je veux m'habituer aussi à faire quelque tour; c'était si étonnant! si amusant!... On voyait tout le monde battre des mains. — Enfant! reprit sa mère, tu ne sais pas quelles fatigues ils se sont imposées pour arriver là, et à quels dangers ils sont exposés. Ces enfants, dont l'adresse te fait envie, sont de petits malheureux. Il y a des habitudes plus belles et plus utiles à prendre ; ce sont les habitudes d'une vie honnête, sage et vertueuse; exerce-toi à celles-là. Accoutume-toi au bien ; il te sera salutaire, et fuis le mal qui te perdrait. »

Les accidents.

N'entreprenons rien qui soit au-dessus de nos forces. Que l'on joue ou que l'on travaille, il faut toujours être prudent, et ne pas s'exposer à des accidents par étourderie ou par bravade. Un effort ou une chute peuvent avoir des suites malheureuses. Si la tête porte contre un objet dur ou tranchant, il en résultera une fièvre plus ou moins dangereuse. Un bras mal placé peut être démis ou cassé. J'ai vu un entassement d'enfants sous lequel était tombé un petit garçon ayant la jambe brisée. Le malheureux poussait des cris; mais les étourdis criaient plus fort que lui et sautaient de nouveau sur le tas. Enfin, ils virent que l'os perçait la peau, et, croyant réparer leur faute, ils se hâtèrent de remettre la jambe en place. C'était une nouvelle faute ; on doit laisser au médecin le soin d'une besogne aussi délicate et aussi difficile. Ce pauvre enfant passa des années sur son lit, et sa jambe ne fut jamais bien guérie. Les chutes sur les genoux, les coups de pied dans le ventre, les coups de poing dans le dos et sur la tête sont dangereux. Quand on se fait une coupure, il faut la laisser saigner avant de la fermer. Si le sang coule très abondamment, il faut sans retard aller trouver le médecin ou l'appeler. L'eau froide convient aux foulures, aux entorses, aux coupures.

Bien souvent on entend dire que des femmes, des jeunes filles ont été brûlées vives, pour avoir eu l'imprudence d'approcher un flambeau d'un vase de pétrole. La vapeur de ce liquide dangereux s'enflamme à distance, brise le vase; et le liquide se répand sur les personnes qui, saisies de terreur, fuient éperdues, activent le feu en s'agitant; et sont bientôt entourées par les flammes, suffoquées par la chaleur et brûlées de tous côtés. Quand on vient à leur secours, il est presque toujours trop tard; les blessures sont si profondes qu'elles ne guérissent pas. Il en est qui ont échappé à la mort en se plongeant dans l'eau; d'autres, en s'enveloppant de tapis ou de couvertures, pour étouffer les flammes et arrêter la combustion. Si un lit se trouve à proximité, il faut s'y glisser promptement et s'y bien couvrir; les flammes s'éteindront faute d'air. Comment de si terribles malheurs ne rendent-ils pas plus prudents les ouvriers qui font usage de pétrole! Et comment peut-il se trouver encore, après tant d'accidents funestes, des enfants et même des jeunes gens assez imprudents pour diriger vers quelqu'un le canon d'un fusil en faisant jouer le ressort. « Je ne croyais pas qu'il fût chargé, » disent ces étourdis, après qu'ils ont étendu un cadavre à leurs pieds. Mais il fallait agir avec la pensée que peut-être il était chargé.

La rage.

Le chien ou le chat atteints de la rage sont très redoutables; leurs morsures communiquent cette terrible maladie, et il est prudent de ne pas jouer avec ces animaux, alors même qu'ils paraissent bien portants. Quand on voit qu'un chien a l'air triste et inquiet, qu'il mord les objets à sa portée et se jette sur les autres chiens, qu'il ne distingue plus son maître et refuse de manger, qu'il a horreur de l'eau, que son œil est rouge et sa gueule écumante, il faut éviter de se trouver sur son passage. Le maître de ce chien doit le tuer ou l'enfermer en lui donnant à boire et à manger. Si l'animal est atteint de la rage, il ne tardera pas à mourir. Tout enfant qui a été mordu par un chien, doit le dire sans retard à ses parents. Si la morsure a été faite par un chien enragé, il faut sans retard la cautériser avec un fer rouge ou une substance caustique, et faire suivre au blessé un traitement sévère. Des découvertes nouvelles font espérer que l'on trouvera bientôt un remède contre une si épouvantable maladie. Beaucoup de personnes, n'ayant rien à attendre de la science, se sont adressées à Dieu, par l'intercession de saint Hubert. Elles ont obtenu leur guérison quand elles ont été fidèles à tenir les promesses faites devant le tombeau du saint intercesseur.

Les loups peuvent aussi être atteints de la rage, et dans ce cas ils répandent la terreur. Mais alors même qu'ils ne sont qu'affamés, on doit les éviter. En 1709, l'hiver fut des plus rigoureux ; la neige couvrit la terre pendant longtemps, et les bêtes sauvages affamées s'avançaient jusqu'au milieu des villages. Un jeune garçon de douze ans des environs de Vitry, Jacques Ferronnier, était resté seul au logis, avec sa petite sœur encore au berceau. Tout à coup il voit entrer un loup, la gueule ouverte, l'œil menaçant. Le brave enfant n'hésite pas; il se jette au-devant de la bête pour l'arrêter. Le loup se dresse, ouvrant sa mâchoire. Jacques ferme son poing, l'introduit dans la gueule de l'animal et lui ferme ainsi le canal de la respiration. Le loup s'agite; mais Jacques s'est cramponné de l'autre main au cou de son ennemi, et n'en a que plus de force pour lui enfoncer son poing dans le gosier. La bête, heureusement affaiblie par un long jeûne, ne put échapper aux étreintes du jeune garçon, et, après quelques instants et quelques secousses inutiles, elle tomba suffoquée. Jacques, qui avait dû faire des efforts au-dessus de son âge, tomba à son tour sans connaissance à côté de son ennemi vaincu. Ses parents, étant rentrés, le rappelèrent à la vie, et son premier mot fut celui-ci : « Et ma petite sœur? Le loup ne l'a pas mangée? »

Les vêtements.

Les vêtements couvrent le corps et doivent être portés avec décence. Ils peuvent n'être pas riches, mais on doit veiller à ce qu'ils soient toujours propres et raccommodés. N'ayez rien de négligé dans votre tenue, dans vos allures, dans vos vêtements. Il y a des personnes qui, avec peu de toilette, sont toujours convenablement mises; il en est d'autres qui, couvertes de beaux habits, ont toujours un air négligé : il faut savoir se bien tenir. Les vêtements nous protègent contre les intempéries des saisons. Ceux de couleur blanche sont les meilleurs en tout temps; on les porte blancs dans les pays chauds, et la nature couvre d'un duvet blanc les animaux des pays froids. La *laine* conserve bien la chaleur du corps et convient en hiver. Le *coton* est moins chaud et se porte en été. La *toile* est froide, et ne convient qu'aux enfants et aux personnes jeunes et robustes. Cependant, durant les chaleurs de l'été on s'en trouve bien. Il faut ne jamais laisser sécher sur soi la toile humide ; le refroidissement qui en résulterait, amènerait de graves maladies. Au retour de la belle saison, il ne faut pas se hâter de reprendre les habits d'été, et à la fin d'automne, il ne faut reprendre que peu à peu les habits d'hiver, et s'accoutumer au froid.

Il y a des gens qui s'inquiètent peu de savoir s'ils observent bien les commandements de Dieu, et qui se croiraient déshonorés s'ils portaient un habit passé de mode. On les voit toujours habillés à la mode de l'année qui vient. Porter les habits comme tout le monde ne suffit pas à leur vanité ; ils tiennent à devancer chacun en si grave affaire, et ils se rendent aussi ridicules que ceux qui suivent les vieilles modes. Les personnes sensées s'habillent selon les formes adoptées, en évitant ce qu'il y a toujours de singulier ou d'exagéré ; elles ne sont ni les premières à adopter une mode, ni les dernières à la quitter. Il faut éviter ce que l'on appelle les toilettes tapageuses, de peur d'être confondu avec les personnes peu estimables. On juge d'ordinaire une personne à sa mise, et il faut prendre garde d'attirer trop les regards. Il y a des modes malhonnêtes, que l'esprit chrétien condamne et qu'une jeune personne bien élevée ne se permet pas ; il y en a d'extravagantes, qui semblent réservées à l'usage des sots. Trop se préoccuper de la coupe d'un habit est toujours la marque d'un petit esprit. S'entourer de riches étoffes en privant sa famille du nécessaire, est une faute très grave. Les folles dépenses de la vanité ont fait tomber bien des personnes dans le crime ; aussi une toilette exagérée attire plus souvent le mépris que la considération.

Les habitations.

Toute habitation, pour être saine, doit recevoir la visite du soleil et jouir d'un air souvent renouvelé. Il faut donc choisir de préférence les maisons dont les fenêtres s'ouvrent du côté du sud ou du sud-est, et rechercher les quartiers où les rues sont larges, droites et situées dans le voisinage des places ou des jardins. Il faut se tenir à distance des égouts, des eaux puantes et chargées de matières diverses; éviter les rues étroites et tortueuses. A la campagne, l'air est beaucoup plus sain que dans les villes; cependant, on doit s'éloigner du voisinage des fumiers, des fossés bourbeux, des eaux stagnantes, des lieux marécageux. Les bâtiments enveloppés dans la verdure sont souvent humides et malsains; il faut que le vent sèche facilement les murailles : n'appuyez rien contre les murs à l'extérieur et même à l'intérieur. Avant de bâtir, cherchez un terrain où l'eau ne séjourne pas. Quand les fondations d'une maison sont dans l'eau, l'humidité monte par les murs dans les appartements, y fait naître des moisissures qui endommagent les mobiliers, les vêtements, et y apportent des odeurs malsaines. Les maisons en briques sont plus chaudes et plus sèches que celles en pierre et en bois avec torchis d'argile.

Si j'étais riche, je voudrais vivre au village, loin du bruit des villes et dans le calme des champs. Je bâtirais, non un château, car je n'aime pas les somptueuses demeures qui semblent faites pour l'ennui, mais une jolie maison, dominant quelque tertre un peu élevé. De là ma vue pourrait s'étendre au loin, sur les prairies et les champs, baignés dans la lumière du jour. Je verrais le soleil briller dès l'heure matinale, où le chant des oiseaux m'éveillerait; je verrais, à l'heure où chacun revient de ses travaux, le soleil se coucher dans une auréole resplendissante. Ma maison serait blanchie au dehors avec soin, pour la protéger contre les ardeurs de l'été et contre les refroidissements de l'hiver. Un beau verger me produirait des fruits en abondance, et j'aimerais à y voir paître et ruminer deux vaches et quelques brebis. Je taillerais moi-même les espaliers de mon jardin, et je veillerais à la destruction des chenilles et des vers. Je récolterais ainsi de beaux fruits, que j'offrirais à mes amis et à mes voisins. Ma maison étant assez près de l'église, qui est celle du bon Dieu, je pourrais chaque matin commencer mes heureuses journées par l'offrande du saint sacrifice. Je trouverais là le contentement du cœur uni à la paix de la conscience, faute de quoi tout bonheur s'évanouit bientôt, en quelque lieu que l'on soit.

Le soleil.

« Les cieux racontent la gloire de Dieu, et le firmament est l'œuvre de ses mains. » Tout ce que nous voyons n'est qu'une partie de l'œuvre de la création, et notre vue est trop faible pour en apercevoir les limites. Durant le jour, nous voyons le soleil, dont la lumière éblouissante éclaire le ciel et la terre; durant la nuit, la lune et les étoiles nous envoient une lumière plus faible et plus douce. Le soleil est une grosse boule embrasée : il est un million quatre cent mille fois plus gros que la terre. C'est le soleil qui éclaire et échauffe tout ce qui est sur la terre; il donne aux fleurs et aux fruits leurs belles couleurs, ainsi que la verdure aux plantes. Là où n'arrrivent pas les rayons du soleil, il n'y a ni végétation pour les plantes, ni santé pour les hommes, ni même pour les animaux. Les feuilles qui poussent dans une cave sont pâles et tristes, les fruits qui croissent à l'ombre n'ont ni saveur ni couleur, et les personnes privées de la lumière sont maladives; le rayon de soleil est nécessaire à la bonne mine de l'enfant comme aux belles couleurs des fruits. Le soleil est, dans la nature, la plus éclatante des manifestations de la puissance et de la bonté de Dieu. La vie se répand partout où pénètrent sa chaleur et sa lumière.

Christophe Colomb, navigateur célèbre, découvrit l'Amérique. Il était très instruit, et il s'était dit : « Puisque la terre est ronde comme une boule, je veux en faire le tour. Il doit exister, au delà des mers sur lesquelles nous naviguons, des terres habitées par des peuples qui ne connaissent pas Dieu. Je veux conquérir de nouvelles contrées et donner un grand nombre de nouveaux chrétiens à Jésus-Christ. » Le roi d'Espagne lui accorda un navire, des marins, et il partit, se recommandant à Dieu et à la sainte Vierge. Après avoir couru bien des dangers, échappé à bien des périls, il trouva des pays et des peuples nouveaux. Sa vie et celle de ses compagnons étaient quelquefois en danger au milieu des naturels, mal disposés à leur égard. Un jour qu'on lui refusait le nécessaire, il dit : « Si vous continuez à nous traiter en ennemis, je vous préviens que Dieu vous punira ; et, pour preuve, je vous annonce que, dans quelques instants, le soleil va se cacher et vous refuser sa lumière. » En effet, selon la prédiction de Colomb, il y eut une éclipse de soleil. Les naturels, épouvantés, lui accordèrent tout ce qu'il demandait. Nous mêmes, qui savons la cause des éclipses, nous sommes vivement impressionnés au moment où, en plein jour, la terre se trouve subitement privée de la lumière du soleil.

La terre.

La terre est aussi une grosse boule qui tourne sur elle-même, comme une toupie. La toupie mouillée jette de l'eau en tournant, et nous serions jetés loin de la terre si nous n'y étions retenus par la pesanteur. Le côté que la terre présente au soleil est dans la lumière, c'est le *jour ;* l'autre est dans l'ombre, c'est la *nuit.* En vingt-quatre heures, nous faisons un tour complet et nous avons un jour et une nuit. La terre, ayant dix mille lieues de tour, les habitants, qui se trouvent sur l'*équateur,* font donc dix mille lieues en vingt-quatre heures. Nous croyons voir le soleil tourner autour de la terre, mais c'est nous qui tournons avec la terre, pendant que le soleil reste en place, comme il arrive à une personne qui, tournant sur elle-même devant une lampe, croit voir la lampe tourner, alors que c'est elle qui tourne, n'ayant toujours qu'un côté éclairé. En une *année,* la terre fait, autour du soleil, une course de quatre cents lieues par minute. Les pays qu'elle présente au soleil ont l'*été* et les longs jours ; ceux qui sont à l'autre *pôle* ont l'*hiver* et les longues nuits. Entre ces deux saisons se trouvent le *printemps* et *l'automne,* où il y a égalité de jour et de nuit. C'est ce qu'on appelle les *équinoxes* de mars et de septembre.

Le petit Aubin n'a pas encore d'expérience. Un jour qu'il était monté sur les chevaux de bois, il crut voir tout le monde tourner autour de lui. « As-tu vu, dit-il à son frère Paul, quand ils furent descendus, as-tu vu comme tout s'est mis à tourner? Le bec de gaz courait aussi; je le voyais un peu, ensuite beaucoup; il passait devant moi, et puis il s'en allait et je ne le voyais plus. — Tu as cru voir tourner les autres, dit Paul, et c'était toi seul qui tournais. Il ne faut pas juger des choses par ce que l'on croit voir. Ainsi tu crois que le soleil fait tous les jours le tour de la terre, alors que c'est toi qui tournes avec la terre, pendant que le soleil reste fixe, comme tout à l'heure le bec de gaz. Te souviens-tu que le jour où tu voyageais en chemin de fer, tu croyais aussi voir courir les arbres et les maisons. C'est la réflexion qui t'a fait comprendre que tes yeux te trompaient. Il faut réfléchir avant de parler. Tu m'as vu souffler sur mes doigts pour les réchauffer et sur ma soupe pour la refroidir : comprends-tu, cela? — Non. — Je te l'expliquerai un jour. L'eau éteint le feu; pourquoi donc le forgeron met-il de l'eau sur son feu quand il veut l'activer? Je te le dirai aussi quand tu sauras réfléchir. Et tu comprendras bientôt comment les habitants d'un côté et de l'autre de la terre ont tous la tête en haut et les pieds en bas. »

Les planètes.

La Terre est une planète ; il y en a de plus petites et de plus grandes. La planète Saturne est mille fois plus grosse que la Terre; elle est accompagnée de huit lunes comme la nôtre et d'un immense anneau. Celle de Jupiter est mille cinq fois plus grosse que la Terre, et elle a quatre lunes. La planète appelée Neptune est à un milliard de lieues du Soleil. Vu de là, le Soleil doit paraître aussi petit qu'une étoile. Tous ces grands corps tournent autour du Soleil comme la Terre, en y mettant plus ou moins de temps, selon qu'ils sont plus ou moins éloignés. Les astronomes connaissent leur marche dans le ciel ; ils les regardent à l'aide de lunettes appelées télescopes, qui grossissent les objets et permettent de voir fort loin. A l'aide de ces télescopes, on peut distinguer sur les planètes des terres et des mers comme nous en voyons sur la terre, des montagnes, des plaines, des neiges, des glaces et même des nuages. Ce sont donc des terres à peu près comme la nôtre. Elles ne font que renvoyer la lumière du soleil, bien qu'on les voie briller au ciel comme Vénus, l'étoile du berger qui a un si grand éclat. Cette lumière concentrée en un point, vu l'éloignement, semble aussi brillante que celle des étoiles, mais ne scintille pas.

Jules, ayant entendu dire que les planètes sont aussi grosses que la Terre, qu'on y voit des montagnes et des vallées, aurait bien voulu savoir comment sont faits les habitants de ces pays. Il questionna sa mère à ce sujet; elle lui répondit : « Mon enfant, Dieu nous laisse voir une partie des grandes choses qu'il a faites, mais nous ne pourrons jamais tout savoir, parce que nous sommes trop faibles et trop incapables. Un jour, quand nous serons en paradis avec les anges, nous saurons comme eux, et nous comprendrons quelles merveilles le Tout-Puissant a opérées dans sa création. En attendant, nous en voyons déjà beaucoup plus que nous n'en pouvons comprendre; il faut louer Dieu de tout ce qu'il a fait, s'humilier quand on ne comprend pas, et adorer toujours la souveraine puissance et l'infinie bonté de notre Créateur. Y a-t-il des habitants dans les planètes? Je n'en sais rien. Mais je sais que Dieu a créé le monde pour sa gloire; que plus il est connu, plus il est aimé et glorifié. Je pense donc qu'il a peuplé l'univers de créatures capables comme nous de le connaître et de l'aimer; et puisqu'il a ses anges partout pour conduire dans l'espace les astres et les planètes, dans un si bel ordre que rien ne l'a dérangé depuis la création, il a sans doute placé aussi sur ces grands corps de l'univers des habitants, qui louent sa sagesse et sa bonté. »

La lune.

La lune, qui nous éclaire durant la nuit, n'est pas plus lumineuse que la terre ; elle nous envoie la lumière qu'elle reçoit du soleil ; et la terre fait de même à son égard, nous le voyons, à la nouvelle lune, quand, à côté du *croissant* éclairé par le soleil, on distingue, sur le reste de son *disque*, une lumière pâle et grise appelée *lumière cendrée*. La lune tourne autour de la terre en un mois. Quand elle est du côté du soleil, nous ne voyons que très peu sa partie éclairée ; c'est alors l'époque de la *nouvelle lune;* quand elle est à l'opposé, nous voyons tout le côté éclairé, c'est la *pleine lune*. Entre ces deux positions, on voit le *premier quartier* ou le *dernier quartier*. Il arrive quelquefois que la lune passe devant le soleil et nous cache son disque. Alors il y a *éclipse* de soleil et on voit, avec étonnement, la nuit se faire en plein jour. D'autres fois la lune, se trouvant derrière la terre, ne reçoit plus la lumière du soleil, ce n'est plus qu'une boule dans l'obscurité ; dans ce cas il y a *éclipse* de lune. La lune est environ cinquante fois plus petite que la terre. Les taches que nous y voyons sont produites par l'ombre des montagnes sur les vallées. On n'y voit plus ni eau ni nuages ; les végétaux et les animaux n'y pourraient plus vivre, tout y est glacé.

Aubin et Paul se promenaient aux environs d'un château, un peu avant le coucher du soleil; ils admiraient les champs et les bosquets, sur lesquels le soleil semblait répandre comme une poudre dorée. Tout à coup Aubin s'écrie : « Regarde, mon frère; tout l'intérieur du château est en feu ? » On voyait, en effet, toutes les fenêtres du château briller d'une lumière rouge, semblable à celle que produisent les flammes. Paul sourit et laissa quelque temps Aubin livré à son étonnement et à son inquiétude. « Allons de ce côté, lui dit-il, nous verrons mieux. » Ils avaient à peine fait une centaine de pas que, levant les yeux vers le château, Aubin dit : « Le feu est éteint. » La lumière rouge avait disparu. Paul dit alors : « La lumière que tu voyais était envoyée par le soleil sur les vitres, qui nous la renvoyaient par réflexion. Ne vois-tu pas comme une lampe en ce moment sur le haut de la tourelle du château ? — Oui. — Eh bien, il n'y a rien qu'une boule dorée qui nous renvoie un rayon du soleil. C'est ainsi que la lune qui n'a pas de lumière par elle-même nous renvoie la lumière qu'elle reçoit du soleil et seulement du côté où elle la reçoit. Si elle était lumineuse par elle-même, nous aurions toujours la pleine lune. Cette douce lumière de la lune diminue pour nous la tristesse de la nuit et n'est pas malfaisante comme on le dit.

Les étoiles.

Les étoiles sont autant de soleils comme le nôtre; ayant sans doute des planètes autour d'eux. Pourquoi nous paraissent-elles si petites? Parce qu'elles sont très éloignées de nous. Le soleil n'est aussi qu'une étoile; s'il nous paraît plus gros que les autres étoiles, c'est parce qu'il est plus près de nous, bien qu'il soit à trente-quatre millions de lieues de la terre. On connaît des étoiles qui sont vingt-cinq fois plus grosses que le soleil, et qui ne sont qu'un point lumineux comme les autres, même quand on les regarde avec les télescopes, elles sont donc à des distances incalculables. C'est ici surtout qu'apparaît l'infinie puissance de Dieu. Qui dira où sont les limites de cet univers? Qui dira le nombre des étoiles? Pour les reconnaître et s'entendre entre eux, les astronomes ont groupé les étoiles en *constellations*. Elles sont si nombreuses qu'elles forment comme une poussière blanche et lumineuse dans une bande appelée la *voie lactée*. Leur lumière parcourt soixante quinze mille lieues par seconde, et cependant il en est dont la lumière met des milliers d'années à nous parvenir. « Louez le Seigneur, habitants des cieux; louez-le du haut du firmament; » car il est l'auteur de toutes ces merveilles, et sa puissance ne connaît pas de bornes.

Les païens, livrés à l'idolâtrie, ne savaient pas, comme les serviteurs du Dieu vivant, que les anges sont devant le trône du Très-Haut et qu'ils veillent sur nous. En voyant briller les étoiles au firmament, ils croyaient que chacune de ces lumières protégeait l'homme né durant son apparition ; et quand quelqu'un paraissait heureux, on disait de lui : « Il est né sous une heureuse étoile, son astre l'a favorisé. » — Sur la mer, durant les longues nuits, les navigateurs aiment à voir briller les étoiles après la tempête. Elles annoncent le beau temps qui permettra d'arriver au port, et elles font reconnaître la direction qui y conduit. — Dans les chants de l'Église, la très sainte Vierge est souvent appelée l'Étoile de la mer, parce que ce monde ressemble à une mer agitée par les tempêtes, et que la vue de Marie, Mère de Dieu, rassure les chrétiens au milieu des agitations de la vie, de même que l'étoile du marin indique aux marins où est le port du salut. Elle est aussi appelée l'Étoile du matin, parce qu'elle a précédé la venue du Dieu de toute lumière, son divin Fils, de même que l'étoile matinale annonce, dans un ciel pur, l'arrivée d'un beau jour. *Ave, maris Stella!... Stella matutina!* L'étoile qui a guidé les Mages vers Bethléem fut le signe du salut des Gentils, appelés à la rédemption comme les enfants d'Abraham.

Les comètes.

On voit quelquefois apparaître dans le ciel des étoiles, plus pâles que les autres traînant après elles une queue qui nous paraît longue de quelques mètres, mais qui peut avoir jusqu'à quarante millions de lieues, le tout ne pesant guère que quelques kilogrammes. Elles parcourent le ciel avec une vitesse qui peut être de trois cent mille lieues à l'heure. Il en est qui reviennent du côté de la terre ; après un grand nombre d'années d'autres n'ont été vues qu'une fois depuis le commencement du monde. Elles ne sont pas lumineuses par elles-mêmes ; nous les voyons comme nous voyons les nuages, parce que le soleil éclaire cette brume légère qui nous renvoie la lumière qu'elle reçoit. On a été longtemps effrayé à la vue de ces astres vagabonds. On se demandait ce qui arriverait si une comète venait dans sa course heurter la terre. Mais on n'aurait pas dû oublier que c'est Dieu, qui, par le ministère de ses anges, règle la marche des corps célestes, et que sa providence veille à tout. On sait aujourd'hui que le passage d'une comète ne nous gênerait pas plus que le passage d'un brouillard, et qu'il nous laisserait seulement une pluie d'étoiles filantes. Nous avons joui de ce magnifique spectacle le 27 novembre 1885.

L'Apparition inattendue d'une comète a quelquefois inquiété les populations. On se demandait si Dieu n'annonçait pas quelque malheur par ce signe. L'ignorance, fruit du péché, est une triste chose ; elle fait que l'homme, comme les êtres sans raison, s'épouvante de ce qu'il ne comprend pas. Les païens se faisaient des idoles terribles, et ils avaient peur de leurs dieux, qui du reste n'étaient que des représentations du démon. Mais, nous chrétiens, notre Dieu est le tout-puissant, le bon Dieu. Il veut que nous l'appellions *Notre Père*. Un père est toujours bon, et n'inspire pas la crainte à ses enfants, mais le respect et l'amour. Il ne faut craindre que ce qui l'offense ; le méchant seul doit trembler devant lui et redouter sa colère; ses enfants ne peuvent que l'aimer. Craindre un signe dans l'air, craindre une apparition dans les ténèbres, craindre une chose que l'on se met dans l'esprit, c'est de la superstition. Le méchant a peur de tout, car il n'est pas en paix avec sa conscience ; il se trouble, il s'inquiète. Le chrétien, au contraire, sait que Dieu le protège, qu'il ne permettra rien qui puisse l'effrayer. Il se dit : « Dieu m'aime, et il est tout-puissant; que craindrais-je donc, si Dieu est avec moi ? N'est-il pas le maître de toutes choses ? Les éléments lui sont soumis ; le ciel et la terre, les démons même lui obéissent. »

L'air.

L'air n'est pas visible; mais quand il est agité, nous le sentons. Il souffle dans nos vêtements et fait courber les arbres; il pousse les nuages au loin, emporte les feuilles, soulève la poussière, et fait tourbillonner la neige et la pluie. L'air est nécessaire à la vie : les hommes et les animaux ont besoin de le respirer pur et abondant, les plantes mêmes ne peuvent vivre sans air. On laboure les champs, afin que l'air pénètre jusque dans la terre pour y entretenir les racines des plantes. L'air pénètre dans l'eau pour que les poissons puissent le respirer et pour que nos boissons soient digestives et bienfaisantes. Ce sont les ondulations de l'air qui apportent le bruit et les sons à nos oreilles. L'air enveloppe toute la terre, jusqu'à une hauteur de quinze à vingt lieues. De même que l'eau supporte le liège et les choses légères, l'air supporte les nuages et les ballons. Quand il est chauffé, il monte, comme la fumée dans nos cheminées; les petites bulles que l'on voit monter dans l'eau qui chante sur le feu, sont de l'air dilaté par la chaleur et devenu plus léger. L'air est formé de deux gaz : l'*oxygène* et l'*azote*. C'est l'oxygène de l'air qui entretient la vie en nous et la flamme dans nos lampes et nos foyers; l'azote entre dans nos aliments.

Des enfants jouaient à cache-cache; l'un d'eux se cacha si bien que ses camarades ne purent le retrouver. Ses parents désolés, le cherchèrent partout, le demandèrent dans tout le voisinage, personne ne l'avait vu. On crut qu'il était tombé dans un puits, ou que des mendiants l'avaient volé. Longtemps après, dans la maison même où les enfants avaient joué, quelqu'un, ayant par hasard besoin d'une vieille malle laissée dans un coin du grenier, la souleva pour l'emporter et la trouva fort lourde, on la croyait vide. On éprouva aussi des difficultés pour en soulever le couvercle. Lorsqu'elle fut ouverte, on reconnut avec effroi qu'elle contenait un cadavre : c'était celui du malheureux enfant qui avait eu la funeste idée de s'y cacher, et qui, n'ayant pu en sortir, y était mort étouffé faute d'air; il avait été asphyxié. On meurt également par asphyxie, quand on tombe dans l'eau; on meurt lentement faute d'air, lorsqu'on habite des réduits privés d'air, de petites chambres étroites où l'air ne se renouvelle pas, où se trouvent plusieurs personnes et quelquefois des animaux, des fleurs, des fruits. Plusieurs gaz, invisibles comme l'air, sont nuisibles. L'acide carbonique et l'oxyde de carbone qui se dégagent de nos foyers, le gaz d'éclairage, les gaz des égoûts donnent la mort. Dans les caves où fermentent la bière ou le vin, il y a danger,

L'eau.

L'eau remplit les fossés, les puits, les rivières, les fleuves et les mers. Elle coule dans le sol, et sort en sources au pied des montagnes. Elle est partout, parce qu'elle est nécessaire à la vie des plantes et à celle des animaux. Elle se trouve dans la terre pour les racines des végétaux, dans l'air pour leurs feuilles et leurs fruits. Nous en avons besoin pour nous désaltérer et dissoudre nos aliments ; il nous en faut même dans l'air que nous respirons. Voyez comme la Providence veille à ce que nous n'en manquions jamais. L'eau se trouve à l'état gazeux dans l'air même par les plus fortes gelées. Et, en été, quand les fossés sont desséchés, l'eau est-elle donc perdue? Nullement: nous la retrouvons dans l'atmosphère. Elle s'est élevée invisible et légère, a formé des nuages, qui bientôt retomberont sur la terre pour la rafraîchir, arroser les plantes, laver tout ce que la poussière a sali, et fournir la boisson à tous les êtres vivants. L'eau qui tombe du ciel est la plus aérée, parce qu'elle a traversé l'air ; la plus saine, parce qu'elle est pure après que les premières ondées ont balayé l'atmosphère. Les eaux courantes sont meilleures que celles des fossés, parce qu'elles s'aèrent par leur mouvement, et qu'elles se débarrassent des plantes et des animaux, qui les corrompraient.

UN SAINT ERMITE avait deux sœurs, l'une mariée à un jardinier, l'autre à un potier. Chacune d'elles venait de temps en temps lui demander des prières. Comme elles n'oubliaient pas les choses de ce monde, la femme du jardinier lui disait souvent : « Mon frère, priez pour ma famille, et demandez aussi à Dieu les pluies fréquentes, qui sont nécessaires à notre culture. » Le bon ermite promettait et priait. La femme du potier, venant à son tour, disait : « Mon frère, priez Dieu de bénir mes enfants, ils sont nombreux, je désire les bien placer, et je souhaite qu'ils vivent toujours chrétiennement. Demandez aussi à Dieu qu'il nous donne souvent le beau temps, qui fera sécher notre poterie ; cela nous permettra de la cuire et de la vendre au plus tôt. » Le saint homme avait bon cœur et il voulait du bien à ses deux sœurs. « Mais, se disait-il, comment puis-je demander à Dieu en faveur de l'une ce qui nuira à l'autre? » Après y avoir bien réfléchi, il fit à Dieu cette prière : « Seigneur, qui êtes le maître de toutes choses, qui gouvernez le soleil, la pluie et les vents, et qui voulez le bien de tous, donnez d'abord à mes sœurs les grâces nécessaires au salut de leur famille, et pour ce qui est du temps, qu'elles sachent se soumettre à ce que vous ordonnez. »

L'intérieur de la terre.

On croit que l'intérieur de la terre est tout embrasé et tout en fusion, comme l'intérieur d'une forge ou d'un foyer. Les *volcans* sont les cheminées de ce vaste brasier. De temps à autre, on voit sortir, par l'ouverture ou *cratère* de ces volcans, des vapeurs qui s'élèvent à la hauteur des nuages, des blocs enflammés qui sont lancés en produisant des détonations comparables à des coups de canon. Une fumée épaisse les accompagne, et la *lave* ou matière en fusion, s'écoule comme un fleuve de feu et se répand dans les vallées, s'étendant quelquefois à plusieurs lieues, couvrant les moissons, les villages et les villes. Ces *éruptions* des volcans sont souvent accompagnées de *tremblements de terre* qui s'annoncent par des bruits comparables à ceux du tonnerre. Le sol est soulevé, secoué, déchiré; de vastes crevasses s'y forment. Les maisons sont ébranlées, renversées, les habitants écrasés, et l'on voit des pays entiers s'enfoncer sous les eaux. Des îles sortent du sein de la mer et apparaissent aux navigateurs étonnés; d'autres ont été vues s'enfonçant dans l'onde avec ce qui s'y trouvait. Il y a des volcans qui font bouillonner les eaux de la mer, d'autres qui lancent de l'eau chaude, de la boue, des gaz inflammables, etc.

En l'an 79, le volcan du Vésuve, situé près de Naples, en Italie, vomit une telle quantité de lave que des villes entières en furent couvertes et sont restées ensevelies durant dix-sept cents ans sous la cendre refroidie. Herculanum et Pompéi étaient des villes superbes, situées dans un beau et riche climat. On n'avait aucun souvenir d'éruption du Vésuve, lorsqu'en l'an 63, un tremblement de terre bouleversa Pompéi. Seize ans après, une fumée abondante, s'étant élevée au-dessus du volcan, couvrit le pays d'épaisses ténèbres. Les habitants, suffoqués par la chaleur, brûlés par une pluie de cendres chaudes, ne purent se sauver. En fuyant au hasard, ils tombaient pour ne plus se relever. Beaucoup furent surpris dans leurs demeures, à leurs occupations ou à leurs plaisirs. Quand, il y a environ cent ans, on retrouva leur ville sous le sol, les cadavres tombaient en poussière.

En 1755, Lisbonne, en Portugal, fut soulevée, puis inondée par suite d'un tremblement de terre. En six minutes, soixante mille personnes furent écrasées sous les édifices renversés, ou noyées par les eaux de la mer, que la secousse avait jetées sur la ville. La puissance divine donne de temps à autre, de ces terribles leçons, parce que les hommes oublient trop facilement que Dieu est le maître de la vie et de la mort.

Les mers.

Les mers couvrent de leurs eaux salées les deux tiers de la surface du globe. Il s'y trouve des montagnes et des vallées, des *abîmes* profonds de deux ou trois lieues, de grands *courants* qui portent les eaux chaudes de l'*équateur* au *pôle*, d'autres courants qui entraînent les navires ou les baigneurs imprudents. Le passage de ces courants et les chocs de leurs rencontres produisent des *gouffres* effroyables et des bruits qui sont entendus à plusieurs lieues de distance. Les eaux de la mer sont toujours agitées par les *vents* et les *marées*; la Providence l'a voulu ainsi, afin que les impuretés qui s'y trouvent ne puissent y engendrer la corruption. C'est un grand spectacle que celui des *vagues* de la mer soulevées par la tempête et s'élançant vers le rivage, pareilles à des coursiers indomptés. Les *navires* sont balancés sur l'onde en furie, exposés à être engloutis d'un moment à l'autre. Alors l'homme, en face d'une mort prochaine, élève son cœur vers Dieu, prie avec ferveur Marie, l'Étoile de la mer. Le marin fait vœu d'aller en pèlerinage à l'un des sanctuaires les plus vénérés, si le Ciel permet qu'il soit rendu à sa femme et à ses enfants, qu'il voit sur le rivage à genoux, les bras tendus vers lui.

La journée avait été belle, mais vers le soir un vent violent s'éleva ; de gros nuages noirs, partis de l'horizon s'avançaient rapidement. Bientôt nous fûmes plongés dans une obscurité effrayante. Nous distinguions à peine les vagues que le vent avait soulevées et qui retombaient avec furie contre les flancs du navire. Quelques-unes s'élevaient au-dessus de nos têtes et redescendaient vers l'abîme en l'agitant avec un bruit épouvantable. Le navire, emporté parfois sur le dos d'une puissante vague, glissait ensuite sur les flots, comme vers une profonde vallée. A chaque instant nous étions menacés d'être engloutis et perdus au fond des eaux. Tous les hommes de l'équipage étaient attentifs aux ordres du capitaine et luttaient courageusement contre la tempête. Les femmes, les enfants, les vieillards pleuraient et priaient. Un religieux, qui était parmi les passagers, les bénissait. Tout à coup un choc terrible eut lieu. Notre navire, au milieu des ténèbres, s'était jeté sur un autre et y avait mis le feu. Nous vîmes ce bâtiment flamber quelque temps et répandre sur l'onde des lueurs sinistres, puis s'abîmer sur les flots. Les passagers qui s'y trouvaient furent brûlés ou noyés, à l'exception de quelques-uns qui furent recueillis sur notre embarcation, remerciant Dieu d'avoir échappé aux deux terribles éléments.

La surface de la terre.

Le *feu central* tient en *fusion* tout ce qui est à l'intérieur de la terre. Ce qui est à l'extérieur a subi, avec la durée des siècles, un long refroidissement, et les matières, fixées ainsi à la surface durcie, forment les *métaux*, les *pierres*, les *roches* et les *terres*. D'énormes blocs sont aujourd'hui arrachés du sein des montagnes pour paver les rues, bâtir des édifices, selon les qualités de la pierre. Les métaux, extraits de la terre, sont fondus, travaillés au marteau et à la lime, et employés à divers usages. Partout sur la terre on voit pousser l'herbe, les plantes et les arbres, vivre les animaux, qui y trouvent leur nourriture. Les terres cultivables sont d'ordinaire formées : 1° d'*argile* ou terre glaise, de couleur jaune, employée dans les mortiers et à la fabrication de la tuile, de la brique et des poteries communes ; 2° de *silice* ou sable, qui entre dans la composition des mortiers et la fabrication du verre ; 3° de *calcaire* ou pierre blanche et tendre, que la gelée réduit en poussière. Le mélange de ces matières constitue les terres cultivables ; celles où domine l'argile sont les plus productives. La partie superficielle, sans cesse remuée pour l'aération du sol et la destruction des mauvaises herbes, est d'un gris noirâtre ; c'est l'*humus* ou terre végétale, qui reçoit les fumiers et les engrais.

Anatole, faisant cuire une pomme, songeait à la leçon qu'on lui avait donnée le matin, sur les effets de la chaleur dans l'intérieur de la terre. De temps à autre, il entendait comme le bruit d'un pétard ou d'une fusée. « Voilà, disait-il à sa jeune sœur étonnée, voilà ce que font les volcans; ils percent l'écorce de la terre, et lancent en l'air des vapeurs brûlantes et d'autres matières qui coulent à la surface du sol. » Parfois la chaleur était si grande, qu'elle déchirait la pellicule de la pomme, laissant, par de larges fentes, le contenu s'élever en dehors. « Voilà, ajoutait Anatole, comment les tremblements de terre et les déchirures de l'enveloppe terrestre en ont laissé sortir d'énormes morceaux, que le refroidissement a maintenus en l'air et qui sont aujourd'hui les montagnes. Les chaînes de montagnes et les vallées se sont produites aussi par refroidissement, comme les rides de cette vieille pomme, qui résultent du retrait éprouvé au pourtour de ce fruit, alors qu'à l'intérieur il a diminué de volume en se desséchant. Depuis que Dieu a puni l'homme par le déluge, il ne s'est plus produit de ces grands bouleversements qui rejetaient dans le feu central des parties refroidies, et en faisaient sortir d'autres encore en fusion, déplaçant ainsi les mers et les continents. »

Les métaux.

L'*or* est le plus beau et le plus riche des métaux. On en fait des bijoux, de la monnaie, soit en l'employant pur, soit en l'associant à d'autres métaux. Comme il coûte cher, on se contente le plus souvent de dorer les objets, c'est-à-dire de les recouvrir de minces feuilles d'or. Il est, comme on dit, incorruptible et ne rouille pas. Aussi on en recouvre les autels où s'accomplit le sacrifice divin, et il brille sur les ornements sacerdotaux, sur l'épaulette des officiers, les galons des magistrats. L'*argent* vient ensuite, et remplace l'or dans les décorations qui exigent moins d'éclat, dans les bijoux de moindre prix, dans la vaisselle. On en recouvre également les objets à bon marché. À côté de ces métaux précieux se placent les métaux utiles. Le *fer* est celui qui nous rend le plus de services. On en fait des instruments pour la culture, des ferrures pour les bâtiments, des outils tranchants de toutes sortes, des machines diverses, des armes, des remèdes même. Le *cuivre* est aussi très employé dans nos mobiliers et nos demeures ; on en fait des ornements, des robinets, des statuettes. Le *plomb* recouvre nos toitures, forme nos tuyaux de pompe. L'*étain*, tenu propre, est employé aux ustensiles de cuisine ; il forme la vaisselle du pauvre, le dessus des comptoirs. Le *zinc* couvre nos bâtiments, forme des dessus de pendules, etc.

Tout ce qui brille n'est pas or, dit un proverbe. En effet, que d'objets en cuivre en fer ou en bois ont l'apparence de l'or, uniquement parce qu'ils sont dorés. On dit : « C'est du faux. » Et que de gens veulent par un grand éclat et un grand luxe se montrer plus qu'ils ne sont : On dit également « C'est du faux. » Un geai, ayant ramassé quelques plumes de paon, s'en couvrit et s'en alla tout fier se mêler aux oiseaux portant brillant plumage. Sa supercherie fut vite découverte. Les fausses plumes furent arrachées à coups de bec, et l'orgueilleux en perdit plusieurs des siennes avant de pouvoir rejoindre ses pareils, qui se moquèrent de lui à leur tour, pour le punir de sa folle vanité.

Un jeune ambitieux, désirant s'attirer la considération d'une société choisie dans laquelle il était parvenu à se faufiler, s'avança résolument au milieu d'un groupe, et là, adressant tout haut la parole au principal personnage, autour duquel les autres faisaient cercle, il lui dit : « Bonjour, mon ami ; comment te portes-tu? » Le personnage lui répondit froidement : « Bonjour, mon ami ; comment te nommes-tu? » Ce sot prétentieux, voyant chacun le sourire aux lèvres, dût se retirer plein de confusion.

La végétation.

Les *racines* plongent dans le sol, pour consolider la plante, y puiser l'eau et les matières nécessaires à sa nourriture, à son développement. La *tige* porte les *feuilles*, les *fleurs* et les *fruits;* elle s'élève, selon que la plante a besoin d'air et de lumière. Les feuilles, protégées en dessus contre les ardeurs du soleil par un vernis, portent en dessous un fin duvet percé de trous, par lesquels entrent dans la plante l'air et les gaz qui lui sont utiles. Il y a des plantes annuelles, d'autres qui durent deux années; il y en a qui vivent plusieurs années. Beaucoup d'arbres durent plus de cent ans. On dit que les chênes et les cèdres vivent plusieurs siècles et que le baobab peut vivre des milliers d'années. Les fleurs, tout en répandant d'agréables parfums et en réjouissant la vue, portent la *graine* ou le *fruit* qui contient le *germe* de nouvelles plantes. Les fruits prennent leurs belles couleurs et leur saveur sucrée sous l'action du soleil, qui leur est indispensable. Les uns sont mis sur nos tables, les autres sont convertis en boissons. Le jus du raisin nous donne le vin, celui des pommes et des poires se transforme en cidre. Avec les groseilles, les fraises, les framboises, les prunes et les cerises, on fait des liqueurs, des sirops, etc.

Des fruits avaient été servis au dîner. Les enfants s'en étaient régalés et s'amusaient à en jeter les noyaux. Edmond, qui avait déjà quelque instruction, dit : « Nous avons mieux à faire : cassons les noyaux et mangeons-en les amandes. » On s'y mit aussitôt, et déjà le petit Charles, qui allait vite en besogne, trouva que les amandes, d'un goût si agréable quand on en mange peu, avaient un mauvais goût. « Il est temps de n'en plus manger, reprit Edmond, car tu pourrais t'empoisonner. » Avec les amandes, on donne un goût agréable à une liqueur appelée eau de noyau, et avec les amandes pilées des cerises, on fait le kirsch ; mais il ne faut abuser de rien ; il y a dans les amandes des fruits un poison violent : avis aux gourmands. « Faisons mieux, ajouta Edmond ; mettons les noyaux en bonne terre, et l'année prochaine, nous verrons pousser et grandir des cerisiers, des pruniers et des pêchers. Semez aussi les pépins de vos poires et de vos pommes, et vous aurez de petits arbres produisant de mauvais fruits qu'on rendra meilleurs au moyen de la greffe. Quant à moi, je me plante des groseillers et des vignes en enfonçant simplement en terre de jeunes branches qui se feront des racines et qui dans deux ans porteront des fruits. Je me suis fait une pépinière de saules et de peupliers en plantant de jeunes branches.

Arbres fruitiers.

Les *poiriers* et les *pommiers*, que l'on a *greffés*, produisent en abondance d'excellents fruits ; ils croissent dans beaucoup de pays. Les *pruniers* et et les *cerisiers* nous donnent des fruits rafraîchissants et très agréables en été. Les *pêchers* et les *abricotiers* en donnent de plus délicieux encore, mais qui ne croissent et ne mûrissent que quand ils sont exposés au soleil. Le *raisin* ne mûrit pas bien dans les climats froids; il est très sucré, au contraire, dans les pays chauds, tels que l'Espagne et l'Italie. En Champagne, en Bourgogne et dans le Bordelais, il a les qualités voulues pour le vin de table. Il y a des arbres fruitiers qui ne portent de fruits que sous l'action d'un soleil ardent : tels sont les *orangers*, les *citronniers*, les *figuiers*. les *arbustes* qui produisent les *aromates* et les *épices*. On voit, en Afrique et en Asie, de beaux arbres à tige élancée : tels que les *palmiers*, dont le fruit fournit l'huile de palme et le vin de palmier; le *dattier*, qui produit les dattes dont se nourrissent les indigènes; le *cocotier*, qui fournit la noix de coco et le beurre de coco. On trouve encore dans nos champs et nos bois le *noyer*, le *noisetier*, le *châtaignier*, l'*amandier*, le *merisier*, dont les amandes ou les fruits s'ajoutent aux ressources de notre alimentation.

Les vendanges se font d'ordinaire sous un beau soleil d'automne. Des troupes de vendangeurs, munis de paniers, cueillent les raisins, qui sont ensuite portés dans des cuves, que des chariots ont amenées jusqu'au pied du côteau où croît la vigne. Le soir, ces cuves remplies de raisin sont vidées dans de plus grandes, placées dans les celliers où le raisin restera quelques semaines. Là, il est foulé de temps en temps, fermente et semble bouillir, un gaz que l'on ne doit pas respirer, l'acide carbonique, s'en dégage. Le jus du raisin est alors doux et sucré. Si on le tire, on obtient du vin blanc, alors même que les raisins sont noirs; parce que l'alcool, qui doit dissoudre la couleur, n'est pas encore formé; il se produira durant la fermentation, qui transforme le sucre en alcool. Quand le jus a cessé de couler dans les tonneaux, on met le marc sous un pressoir, et on en fait sortir encore une boisson de bonne qualité. Du marc qui reste, on extrait de l'eau-de-vie en le chauffant dans un alambic.

Fable. — Certain renard gascon passait près d'une treille portant de beaux raisins. Il eût bien voulu s'en régaler; mais il vit qu'ils étaient haut placés et qu'il ne pourrait atteindre à pareille hauteur. Alors, faisant le dédaigneux, il dit : « Ces raisins sont trop verts et sont bons seulement pour des goujats. » Que de vaniteux parlent de même en présence de ce qui dépasse leur force ou leur mérite.

Plantes alimentaires.

La plante la plus précieuse est le *blé*, dont la farine, pétrie avec de l'eau et un peu de sel, nous fournit le pain si nécessaire à notre nourriture. On fait aussi du pain moins bon avec la farine du *seigle* et celle de l'*orge*. Dans quelques contrées pauvres, on fait une galette de *sarrasin*. Le pain seul, malgré ses qualités, ne nous suffirait pas ; nous y ajoutons la viande et les *légumes*. Les *haricots*, les *pois* sont très nourrissants ; les *pommes de terre*, les *salades* et les *choux* le sont moins, mais il s'y trouve un goût agréable qui excite l'appétit. Les *racines*, telles que les *carottes*, les *navets*, les *betteraves* et le *radis* apportent de la variété dans nos aliments. L'*oignon*, l'*ail*, l'*échalote* et les *poireaux* ajoutent leur goût à celui des mets que l'on prépare, en rendent la digestion plus facile. Il y a encore beaucoup d'autres plantes que l'on peut manger, mais qui sont peu nourrissantes et ne suffiraient pas aux personnes chargées d'un rude travail. La bonté de Dieu veut que celles qui sont les plus nécessaires et les meilleures croissent dans tous les pays ; chaque contrée trouve dans sa culture les ressources nécessaires aux premiers besoins de la vie. En Asie le *riz* tient lieu de blé et de tous les autres grains des climats tempérés.

La pomme de terre, que l'on sert sur toutes les tables aujourd'hui, fut longtemps regardée comme un mets nuisible et malsain ; les gens les plus pauvres même n'en voulaient pas. Parmentier avait su reconnaître les qualités de ce légume ; et il comprenait quel important service on rendrait au peuple si l'on parvenait à faire entrer la pomme de terre dans l'alimentation. Il s'adressa à Louis XVI, qui lui permit de faire ensemencer ce tubercule dans la plaine des Sablons, près de Paris. Lorsque la plante fut en fleur, il en composa un bouquet que le roi mit à sa boutonnière. Aussitôt la mode voulut que tous les grands personnages de la cour eussent des cultures de pommes de terre, dans leurs propriétés. Cependant Parmentier avait fait remettre gratuitement aux cultivateurs sa récolte des Sablons ; mais ils la dédaignèrent et l'abandonnèrent à leurs bestiaux. L'année suivante, connaissant combien ce qui est défendu a d'attrait, il fit, au moment de la maturité des pommes de terre, garder le champ qu'il avait ensemencé. Or pendant la nuit, en l'absence des gardiens, les pommes de terre furent volées. On les fit cuire, on les trouva bonnes, et on songea alors à en planter : c'est ce que voulait Parmentier. Ce légume se mange à toutes les sauces, et on en retire la fécule qui sert à faire du *sucre* et de l'*alcool*.

Les animaux.

Les plantes vivent et meurent où elles sont; les animaux vivent et se meuvent : ils changent de place selon les besoins de leur existence. Le corps de l'animal est soutenu par une charpente osseuse appelée *squelette*, formée d'un grand nombre de pièces attachées entre elles, mais pouvant se mouvoir les unes contre les autres. Des parties charnues et rouges, ce qu'on appelle le maigre de la viande, s'allongent ou se raccourcissent à volonté pour tirer les membres dans un sens ou dans l'autre, ce sont les *muscles*. Le tout est plus ou moins mêlé à la *graisse*, qui est blanche ou jaune pâle. La *peau*, couverte de *poils* ou de *plumes*, enveloppe et protège le corps. A l'intérieur sont les poumons, que l'on peut voir chez les bouchers et qu'on appelle vulgairement le *mou*. L'air respiré entre dans les poumons, qui se dilatent pour le recevoir, et se contractent pour le repousser, quand il a perdu ses qualités. Là, l'oxygène de l'air se mêle au sang, lui donne sa couleur rouge, et le rend propre à la vie. Ce sang poussé par les battements ou les contractions du cœur, est porté dans toutes les parties du corps par les *artères*, et ramené par les *veines*, après qu'il a laissé durant son trajet ce qui est nécessaire à la vie, à l'entretien du corps.

Depuis la chute de l'homme, les animaux sont devenus ses ennemis, ainsi que toute la nature, qui se montre ingrate et rebelle, opposant aux travaux de l'homme les mauvais temps, les plantes et les animaux nuisibles. De même que l'homme n'obtient qu'à la sueur de son front les fruits de la terre, il n'obtient les services des animaux qu'à grand'peine et au péril de sa vie. Quelques-uns n'ont jamais été domptés, comme l'*ours*, le *lion*, le *tigre*, le *loup*, le *renard*, etc.; d'autres résistent à tous les moyens de destruction, comme les *insectes*, les *rats*, les *souris*, etc. Le *cheval*, l'*âne*, l'*éléphant*, le *chameau*, le *bœuf* et le *chien*, bien que soumis et rendant à l'homme de nombreux services, sont encore bien souvent dangereux et redoutables. On ne doit jamais s'approcher des bêtes qu'avec prudence. Dépourvues de raison, elles ne savent pas discerner ce qui est bon ou mauvais, et peuvent faire de cruelles blessures. Le chien, si dévoué à son maître, fait quelquefois des morsures dangereuses; le cheval mord ou frappe des pieds; le bœuf peut percer les yeux et tuer d'un coup de corne; une *poule*, qui a piqueté dans la pourriture, peut faire une blessure mortelle à l'enfant qu'elle atteint de son bec. Le *chat*, avec lequel on joue, comme avec le chien, peut être atteint de la rage et la transmettre. Méfiez-vous de l'animal que vous ne connaissez pas.

La nourriture.

Les animaux les plus utiles à l'homme se nourrissent de végétaux. La nourriture, broyée par les dents, est mêlée à la salive, qui la prépare à être avalée. Dans l'estomac, elle est encore triturée par les mouvements de cet organe et mêlée au suc gastrique. De là elle passe dans les intestins, d'où partent de petits filets blancs qui pompent ce qui est utile et le portent dans le sang, au moyen de plusieurs canaux se réunissant en un seul. Cette nourriture arrive avec le sang dans les poumons, s'y mêle à l'air et est entraînée ensuite avec le sang dans toutes les parties du corps, pour le renouveler continuellement. On conçoit qu'il est sage de ne faire prendre aux animaux qu'une bonne nourriture, puisque le corps en est formé. Ceux qui ne reçoivent que de mauvais aliments ne rendent ni travail, ni bonne viande, et perdent de leur valeur. La nourriture varie selon les races et les espèces d'animaux. Il est bon qu'elle soit donnée à heure fixe et en quantité raisonnable. Des vaches mal nourries emploient ce qu'on leur donne à entretenir leur vie et ne rendent pas de lait; celles qui sont bien nourries rendent au contraire beaucoup de fumier, du lait en abondance, et préparent une viande de bonne qualité.

Les animaux carnassiers sont méchants et violents, les herbivores sont plus doux. Quoique plus forts ou plus agiles que l'homme, ils se laissent dominer par lui et semblent se soumettre facilement à son intelligence. Un enfant conduit un troupeau de bœufs ; le cheval obéit à la main d'une femme. L'éléphant lui-même, malgré sa force incomparable, s'attache à son maître, entend sa parole et obéit à ses ordres. On lui apprend facilement à fléchir les genoux, pour donner plus de facilité à ceux qui veulent le monter. Il caresse ses amis avec sa trompe et salue les gens qu'on lui fait remarquer. On l'attelle à d'énormes chariots, à des navires. Je me souviens que les grandes cages d'une ménagerie s'étaient trouvées engagées sous les voûtes d'une des portes de Lille, sans que les chevaux pussent les en faire sortir. On attela un éléphant qui suivait, et aussitôt la difficulté fut vaincue. L'éléphant traîne tous les fardeaux, pourvu qu'on ne lui fasse pas l'insulte de le maltraiter sans motifs et qu'on ait l'air de lui savoir gré de sa bonne volonté. Son attachement pour son conducteur devient si fort qu'il refuse ordinairement de servir sous un autre, et qu'on l'a vu quelquefois mourir de regret d'avoir, dans un accès de colère, tué son gouverneur. Les enfants de son cornac peuvent jouer avec lui sans danger.

Les mammifères.

Les mammifères allaitent leurs petits. On en distingue plusieurs sortes : — *Rongeurs*. Les *rats* et les *souris*, avec leurs dents incisives, dévastent nos champs, nos jardins et nos habitations. Le *lièvre* et le *lapin* endommagent nos récoltes; leur viande est recherchée, et leur peau sert à faire des fourrures. Le gentil *écureuil* a le tort de détruire les œufs des oiseaux. Le *hérisson* est très utile dans nos jardins, où il détruit les insectes et les mollusques. — *Pachydermes*. Animaux à peau épaisse : l'*éléphant*, le plus gros des quadrupèdes. Le *sanglier* et le *porc* qui donnent une viande agréable et une graisse abondante. — *Carnassiers*. Le *chien*, intelligent, dévoué, est ami de l'homme. Le *loup* est l'ennemi des bergeries. Le *renard* est l'ennemi des basses-cours. Le *chat* nous délivre des souris. Le *lion*, le *tigre*, le *léopard* sont redoutables et désolent les pays qu'ils habitent ; on les tue pour s'en débarrasser, et vendre leurs belles fourrures. — *Herbivores*. Le *cheval*, beau et noble d'allure, est le compagnon et l'ami de l'homme dans ses travaux et dans les combats; sa chair est de bonne qualité, et son cuir, est très souple. L'*âne*, sobre, patient et doux, rend de nombreux services. Le *mulet* est robuste.

A LA FIN D'AVRIL, je passai une nuit chez les religieux du mont Saint-Bernard. Vers le soir, le plateau glacé s'était trouvé comme enseveli dans d'épaisses ténèbres ; les nuées, poussées par un vent violent, tourbillonnaient autour de l'enceinte des rochers, et le bruit formidable des avalanches se faisait entendre au loin. Les religieux, précédés de leurs chiens, étaient déjà dans la montagne, pour y tendre une main secourable, aux voyageurs perdus dans les neiges, découvrir les malheureux égarés dans les précipices et répondre à leurs cris de détresse. Quelques-uns gravissaient les flancs escarpés de la montagne, lorsque l'aboiement des chiens attira leur attention vers un amas de neiges dans lesquelles un voyageur, plongé jusqu'au cou, s'épuisait en vains efforts, faisant entendre des cris de désespoir. Déjà les fidèles auxiliaires des bons religieux se sont approchés de l'infortuné voyageur. A leur vue, il reprend courage et comprend qu'il va échapper à la mort. Il voit, suspendu au cou de l'animal qui l'aborde, un cordial dont il s'empare pour ranimer ses forces. Deux chiens se placent à ses côtés, le soulèvent, et les religieux, pouvant approcher du gouffre, après en avoir écarté les neiges par un long et pénible travail, le transportent à l'hospice, situé au milieu de cet affreux désert.

Les ruminants.

Les *herbivores ruminants*, après avoir recueilli les herbes dans une sorte de poche, voisine de leur estomac, les font revenir peu à peu pour les mâcher à loisir. Les *bœufs* et les *vaches* nous fournissent leur viande et des cuirs résistants, les vaches nous donnent leur lait. L'homme trouve dans le *mouton* et la *brebis* la nourriture et le vêtement. Avec leur graisse on fabrique la chandelle ; avec leur laine, des vêtements ; avec leur peau, du parchemin. Les *chèvres* fournissent aussi une bonne viande. Avec leur lait et celui des brebis on fait le fromage de Roquefort. On fait des chaussures et des gants avec leur peau, qui est fine et souple. Le *renne* conduit sur la neige et la glace les traîneaux des Lapons, et leur fournit son lait, sa chair et sa toison. Le *cerf* est un grand et bel animal, qui porte, selon son âge, des cornes en forme de branches. Le *chevreuil* est chassé pour la qualité de sa chair et la valeur de sa peau. La chair des herbivores est de bonne qualité et leur peau est employée à un grand nombre d'usages. La *girafe* est un animal dont la tête peut s'élever jusqu'à six à sept mètres. Elle broute sur les arbres comme la chèvre sur les haies; on ne la trouve qu'en Afrique. Le *chameau* fait provision d'eau dans son estomac.

Un Arabe avait été fait prisonnier. On lui avait lié les pieds et les mains, et il restait sur le sol. Son cheval était attaché près de là. Pendant la nuit il s'adresse à l'animal, comme s'il eût pu en être compris, et lui dit : « Va, retourne libre dans ma tribu ; va consoler, par ta présence, ma femme et mes enfants, qui ne me verront plus. » En parlant ainsi, il se roulait jusqu'au lieu où était attaché le cheval. Ne pouvant faire usage que de ses dents, il rongea les liens qui retenaient son compagnon de captivité. Le noble animal, devenu libre, saisit l'arabe avec ses dents, l'éleva sur son dos et partit au galop, l'emportant jusqu'aux limites du pays ennemi. — Un voyageur rencontra un bouvier, qui lui vola son cheval. Ils allèrent devant le juge. Chacun des deux prétendait être le légitime propriétaire du cheval, et le juge était fort embarrassé. Tout à coup le voyageur prend son manteau et le jette sur la tête du cheval, en disant au bouvier : « Puisque ce cheval est à toi, tu dois le connaître depuis longtemps, dis-nous de quel œil il est borgne ? — De l'œil gauche, répondit le bouvier. » Alors le juge, découvrant la tête du cheval, dit : « Ce cheval n'est borgne ni d'un côté, ni de l'autre. » Et il le rendit au voyageur. Dans les combats, le cheval est plein d'ardeur et sauve l'homme de bien des dangers, grâce à sa vue claire et à ses jambes vigoureuses.

Les singes.

Les singes sont appelés quadrumanes, parce que, pour s'accrocher aux branches des arbres, ils ont au bout de chaque patte un pouce et des orteils qu'ils plient en forme de main, se servant très adroitement de celles de devant. Ils imitent les allures de l'homme comme le perroquet imite la parole, sans aucun discernement. C'est ce qui a fait donner le nom d'*orang-outang* ou homme des bois à une espèce de singes de grande taille se tenant sur deux pieds et portant quelquefois un bâton. L'orang-outang, le *gorille* et le *chimpanzé* sont féroces et redoutables. Quand le chasseur approche des lieux qu'ils habitent, ils ne fuient pas et poussent des cris horribles. Souvent l'animal saisit le canon du fusil dans ses puissantes mâchoires et le broierait, si le chasseur ne se hâtait de le lui décharger dans la tête. On a quelquefois pu dresser ces animaux durant leur jeunesse et en obtenir quelques services. Comme ils ont l'instinct d'imitation très prononcé, ils répètent facilement les mouvements de l'homme ; on en a vu marcher gravement, s'asseoir à table, déployer une serviette, se verser à boire et trinquer, toutes choses qui n'étonnent qu'au premier moment ; car on les obtient à peu près d'un chien bien dressé.

Un marchand de bonnetterie, traversant une forêt du Nouveau-Monde, s'endormit. A son réveil, il fut aussi surpris que désolé de voir son ballot de bonnets de coton défait et à moitié vide. Il regardait autour de lui, cherchant où étaient passés les voleurs, lorsqu'en levant la tête, il vit, sur les arbres, une troupe de singes coiffés de bonnets et faisant sous ces coiffures les grimaces les plus drôles. Le pauvre colporteur voyait sa marchandise perdue et ne savait que faire. Comment attraper des voleurs aussi agiles, qui sautaient de branche en branche en se livrant à toutes les fantaisies de leur humeur bizarre! Dépité, ne sachant que faire, il va s'arracher les cheveux de désespoir, comme on dit. Or, en faisant ce geste, il saisit le bonnet qu'il portait lui-même sur la tête et le jette à terre. Aussitôt, de tous les arbres voisins, il voit tomber les bonnets que les singes lui avaient volés. L'instinct d'imitation de ces animaux les avait portés à faire le geste qu'ils avaient vu faire par le marchand. Celui-ci, heureux de revoir sa marchandise, se hâta de la ramasser, et se promit bien de ne plus s'endormir dans les bois habités par les singes. En vieillissant, les singes reprennent tous leurs instincts de méchanceté et de férocité ; et il n'est pas prudent de les laisser en liberté dans les lieux habités par les hommes.

Les oiseaux.

Les membres de devant chez les oiseaux sont les ailes, qui leur permettent d'en frapper l'air, de s'y soutenir et de s'y mouvoir comme font les poissons dans l'eau à l'aide de leurs nageoires. Les oiseaux, par leurs chants et leur ramage, réjouissent les cœurs; et, comme les fleurs, ils nous annoncent les beaux jours du printemps et de l'été. Ils construisent leur nid avec un art merveilleux, s'occupent avec tendresse et sollicitude de leurs petits, et nous rendent de grands services en détruisant les insectes. A cause de cela, ils ont droit à nos égards et à notre protection. Sans doute ils endommagent bien quelquefois nos fruits et s'attaquent à nos moissons; mais nous leur devons la nourriture, puisqu'ils nous préservent de nombreux dommages. On a calculé que la conservation des oiseaux de nuit seulement sauverait annuellement de douze à treize millions d'hectolitres de céréales dévorées par les rats, les souris, les mulots, etc. Les rossignols, les fauvettes, les bec-figues, les rouges-gorge, les roitelets, les chardonnerets, les alouettes, les merles, les hirondelles détruisent un nombre incalculable d'insectes. On a trouvé huit cents fourmis dans l'estomac d'un pivert; le même oiseau peut en digérer sept cent mille par an.

Les oiseaux sont pleins de tendresse pour leurs petits. Voyez la poule, d'ordinaire si timide, comme elle défend ses poussins avec courage ! Des dénicheurs ont eu les yeux crevés par des oiseaux défendant leur couvée. Trois jeunes montagnards, ayant découvert un nid d'aigle dans le creux d'un rocher, résolurent de s'en emparer. L'un d'eux, armé d'un couteau, s'attacha à une corde dont les deux autres tenaient les bouts, et se trouva suspendu au-dessus d'un abîme profond, où la mort était certaine en cas de chute. Quand il fut à la hauteur du nid, il le saisit et s'apprêta à remonter. Mais alors des ailes puissantes lui battaient la tête et les oreilles ; des coups de bec lui déchiraient la peau. Armé de son couteau, il frappait à droite et à gauche pour se défendre, portant des coups aussi violents que possible. Tout à coup il lève les yeux et s'aperçoit que la corde à laquelle tient sa vie en ce moment est coupée aux trois quarts par les coups de couteau qu'il a portés au hasard. Épouvanté à la vue d'un si grand péril, il se recommande à Dieu, abandonne son nid, et se hâte de saisir la corde au-dessus de la coupure, se promettant bien de ne plus jamais commettre de telles imprudences. On ajoute que sa frayeur avait été si grande que ses cheveux en avaient blanchi avant l'âge, et en quelques instants.

Les gallinacés et les palmipèdes.

Les *passereaux*, petits oiseaux sauteurs, nous débarrassent des insectes; les *gallinacés* nous sont encore plus utiles, en nous donnant leurs œufs, leurs plumes et leur chair, qui est excellente. Ce sont les *coqs* et les *poules*, les *pigeons*, les *dindons*, les *pintades*, les *faisans*, les *perdrix*, les *cailles* et le superbe *paon*, si fier de son beau plumage. Les plumes du coq sont moins rares que celles du paon, mais elles sont fort belles aussi ; en les mêlant à celles des faisans dorés et à celles de différents oiseaux, on en a fait de brillantes aigrettes pour les chapeaux. L'œuf de la poule est une agréable et précieuse nourriture pour les estomacs délicats; et les viandes du jeune poulet, du faisan et du perdreau sont, sur nos tables, les mets les plus recherchés. Les *palmipèdes* ont les pattes disposées pour la natation et se plaisent sur l'eau : ce sont les *canards*, les *oies*, le *cygne*, etc. Ces oiseaux, en outre de leur chair, qui est saine et agréable, nous fournissent leurs plumes et leur duvet. Avec leur peau, qui a gardé ses plumes, on fait aussi de très belles fourrures. L'eider de Norvège fournit l'édredon, duvet délicat dont son nid est tapissé. Les *échassiers* (*autruche*, *héron*, etc.), ont longues pattes et long cou.

Fable. — Un renard, qui n'avait pas dîné, rôdait autour d'une ferme. Il aperçoit un coq perché sur une branche d'arbre, et lui dit : « Ami, savez-vous que la paix vient d'être signée entre tous les animaux ? — Vraiment, répond le coq, j'en suis fort aise. — Oui, et je suis heureux de vous apprendre cette bonne nouvelle; descendez-donc, pour que nous nous embrassions! — Je vous crois volontiers, reprend le coq; car je vois accourir de ce côté-ci deux lévriers, qui viennent sans doute pour le même motif. » A ces mots, le renard détale et prend la fuite, disant : « Au revoir; à une autre fois, je suis pressé. » Et il se hâte de disparaître, avant l'arrivée des chiens. Mais la vérité est qu'il n'y avait pas de chiens; et cette fois, le malin s'était adressé à plus malin que lui. Ce vieux coq avait sans doute appris la fable du renard et du corbeau; il se rappelait comment celui-ci avait été dupe des flatteries du renard. On ne doit jamais écouter le langage des flatteurs, et il y a quelquefois plaisir et justice à déjouer un trompeur : tant pis pour celui qui, en voulant user d'un mauvais tour, se trouve pris. Le renard est rusé, adroit et vorace; quand il pénètre dans la basse-cour, il y met tout à mort, et emporte ses victimes l'une après l'autre; et, par prudence, il emmagasine ses provisions en des endroits différents.

Les poissons.

Les membres des poissons sont des *nageoires.* Ils respirent, au moyen de leurs *branchies,* l'air dissous dans l'eau et meurent sous la glace qui les en prive. Ils ont, à l'intérieur du corps, une *vessie natatoire,* qu'ils dilatent ou qu'ils compriment, selon qu'ils ont besoin de monter ou de descendre. On trouve dans la mer des poissons à des profondeurs de plusieurs kilomètres. Les gros mangent les petits, qui se multiplient prodigieusement : On a compté, dans une seule *morue,* plus de six millions d'œufs. Nous voyons souvent que les *harengs* en contiennent beaucoup ; un seul peut pondre soixante mille œufs par an. A l'époque de la pêche, ces poissons occupent sur la mer plusieurs lieues d'étendue, et s'y trouvent en telle abondance, qu'on en peut prendre jusqu'à cent mille d'un coup de filet. Parmi les poissons de mer, on distingue la morue, l'*esturgeon,* la *raie,* le *maquereau,* les *merlans,* la *sole,* le *turbot* et les *sardines.* Les poissons d'eau douce, tels que le *saumon,* le *brochet,* la *tanche,* la *carpe,* la *truite* et l'*anguille,* ont la chair plus fine et plus délicate. On trouve dans la mer d'énormes bêtes ayant la forme de poissons, mais allaitant leurs petits comme les mammifères terrestres ; tels sont la *baleine,* le *cachalot,* etc.

La baleine peut avoir plus de trente mètres de long et peser plus de cent kilogrammes. Au lieu de dents, son énorme bouche est entourée de *fanons* en forme de palissade, qui laisse sortir l'eau et retient ce qu'elle a voulu saisir pour sa nourriture. Ces fanons sont ce qu'on appelle les baleines dans le commerce. Elle porte une énorme couche de graisse, dont on extrait une huile abondante. Une seule baleine peut en fournir pour près de vingt mille francs. La chasse à la baleine est fort dangereuse; on doit la suivre à distance, et ne pas exposer une embarcation à ses terribles coups. Comme elle ne peut rester sous l'eau plus de dix ou douze minutes et qu'elle doit remonter à la surface de l'océan, pour respirer ou pour dormir, on peut alors lui lancer des *harpons*, qui lui font des blessures. En 1802, une baleine ainsi frappée plongea; mais en revenant sur l'eau, elle lança en l'air le canot, qui fut porté à cinq mètres de hauteur, retourné et jeté à la mer avec les hommes qu'il contenait. Le harpon est attaché à une longue corde, qui se déroule à mesure que la baleine atteinte s'enfuit, et alors le moindre nœud sur cette corde ferait entraîner le canot dans l'eau à la suite de la baleine. Elle élève son baleineau avec tendresse. On croit qu'elle vit longtemps. Il y a des poissons qui vivent plusieurs siècles.

Les reptiles.

Les reptiles ont le sang froid; ils rampent sur le sol et portent des *écailles*. La *tortue* détruit les limaçons et les insectes dans nos jardins. La tortue de mer est très grosse ; sa chair est bonne à manger, et avec sa *carapace* on fabrique des objets en écaille. Elle laisse au soleil le soin de faire éclore ses œufs. Le *lézard* est inoffensif et détruit beaucoup d'insectes. Les *crocodiles* sont de gros lézards de six à huit mètres de longueur ; ils attendent leur proie dans les hautes herbes des grands fleuves de l'Afrique et de l'Asie. Le *caméléon* change de couleur selon son humeur ; c'est l'image des gens qui changent facilement de langage et d'attitude. La *couleuvre* effraie les enfants, mais elle ne peut faire de mal. La *vipère* fait des morsures dangereuses ; un poison sort de ses dents au moment où elle mord. Sa tête est triangulaire, celle de la couleuvre est ovale. Les *amphibiens* peuvent vivre sur la terre et dans l'eau. Ils pondent leurs œufs dans l'eau, et vivent dans leur jeunesse à l'état de *têtards*, ressemblant à des poissons ; ils sortent de l'eau lorsque leurs pattes ont poussé. Les *grenouilles* et les *rainettes* vertes sont inoffensives ; elles vivent d'insectes et de limaçons. Le crapaud seul suinte un liquide dangereux quand il est en colère.

Les reptiles sont odieux à l'homme, depuis que le démon a pris la forme du serpent pour tromper Eve. Ce sont des animaux rusés et redoutables. Ils n'ont ni ailes ni pattes, et cependant ils s'élancent avec la rapidité d'une flèche ; ils montent jusqu'au sommet des arbres, autour desquels ils enroulent et déroulent leur corps avec tant de rapidité que l'œil a peine à les suivre. Le boa jette l'épouvante dans les déserts qu'il parcourt; tout fuit à son approche. On ne peut échapper à sa dent meurtrière qu'en mettant le feu aux herbes déjà à demi brûlées par l'ardeur du soleil. Il nage facilement et s'élève jusqu'aux cimes les plus hautes des arbres, où il attend patiemment le passage de sa proie, sur laquelle il s'élance comme un trait. Il l'enveloppe de tant de contours, la serre avec tant de force, qu'il fait craquer tous ses os, et l'avale peu à peu en commençant par la tête. Pendant cette longue opération, il s'engourdit, et c'est alors qu'on peut le prendre ou le tuer. Le serpent à sonnettes porte un venin mortel. Heureusement qu'il répand au loin une odeur fétide, et que sa queue porte une série d'anneaux écailleux dont le choc sert d'avertissement à tous les êtres, qui fuient pour échapper à ses terribles morsures. Ses mouvements sont rapides ; il se replie en cercle et se précipite comme un ressort qui se détend.

Les insectes.

On donne ce nom aux *mouches*, aux *hannetons*, aux *papillons*, aux *pucerons*, etc. On en connaît plus de trois cent mille espèces, qui vivent sur nous, comme les *puces* et les *poux*, sur les animaux, sur les plantes, sur la terre, partout. Ils sont presque tous nuisibles : les hannetons, les *chenilles* et les *sauterelles* dévorent les feuilles des arbres, détruisent les moissons et les pâturages ; le *phylloxera* ravage les vignes ; les *araignées* et les pucerons dévastent les jardins. Heureusement qu'ils se détruisent les uns les autres, car ils couvriraient bientôt la surface de la terre, tant ils se multiplient. Il y a tel insecte qui détruit le bois, et dont la femelle pond quatre-vingt-six mille œufs en vingt-quatre heures. Il en est qui se logent dans nos aliments, dans notre corps, et qui y causent des désordres et des maladies. On ne s'en débarrasse que par les soins et la propreté. La Providence a envoyé à notre aide, dans cette guerre aux insectes, les petits oiseaux, qui en font leur nourriture habituelle, qui ramassent leurs œufs sur les herbes, sur les arbres, les mangent à mesure que la chaleur les fait éclore et nous rendent ainsi de très grands services. C'est peut-être chez les insectes que l'instinct animal produit les choses les plus merveilleuses.

Durant le mois de mai, les hannetons s'abattent sur les arbres, qu'ils dépouillent de leurs feuilles. Quand ils sont attablés, ils mangent bruyamment, comme les gens mal appris. Vers le soir, heure de leurs jeux, ils font entendre leur gros bourdon, s'envolent à droite, à gauche, sans crier gare, se heurtent à tout, et tombent quelquefois les quatre fers en l'air sans pouvoir se relever. Lorsqu'ils veulent s'envoler, ils s'arrêtent quelques instants pour faire glisser l'air le long de leur ventre. Les enfants disent que, dans cette attitude, ils sont occupés à compter leurs écus. Ils ne vivent ainsi que cinq à six semaines. Les femelles s'enfoncent en terre, y déposent leurs œufs, qui éclosent au bout de quarante jours, et donnent naissance à des vers blancs. Durant trois ans, ces vers dévoreront les racines des plantes et des arbres. Dans les prairies ils causent d'énormes dégâts. L'herbe, n'ayant plus de racines, est bientôt brûlée par le soleil. Dans les jardins, ils s'attaquent aux légumes, aux salades et aux jeunes arbustes. Ils passent l'hiver au fond de leur retraite, et n'ont d'autre ennemi à craindre que la taupe, qui en fait une très grande consommation, bien qu'on ne lui en sache pas gré. C'est par millions qu'on doit évaluer les dégâts causés par les hannetons : il faut travailler partout à les détruire. On les enfouit après les avoir écrasés.

Les papillons et les chenilles.

Les papillons pondent une très grande quantité d'œufs et les déposent partout. De l'œuf sort bientôt un ver, qui ronge nos étoffes, ou une chenille, qui dévore nos plantes. Quand ces *larves*, comme on les appelle, ont acquis leur croissance, elles se filent une enveloppe, et vous les trouvez suspendues aux arbres, le long des murs auxquels sont collés leurs fils. Quelques-unes ont une coque brillante qui leur a fait donner le nom de *chrysalides*. Aux premiers beaux jours du printemps, l'enveloppe, humectée par l'insecte qui l'habite, s'ouvre, se déchire, et il en sort un papillon, qui voltige élégamment de fleur en fleur dans nos jardins ; ou qui se cache à l'ombre dans nos appartements, et qui jusqu'à sa mort ne cesse pas de déposer ses œufs et de nous préparer des ennuis. Donc, pas de pitié pour les jolis papillons, pas plus que pour les vives sauterelles et les lourds hannetons. Les *cousins*, qui nous font des piqûres désagréables, pondent leurs œufs au bord de l'eau. De l'œuf sort un petit têtard, qui nage jusqu'à ce qu'il se mette dans une enveloppe, d'où sortira un jour le cousin, comme d'une frêle embarcation et à grand péril. Puisse-t-il y rester. Il a comme la mouche une trompe avec laquelle il pompe le sang.

De tout l'essaim bourdonnant qui déguste tous nos mets, souille nos appartements et nous importune, la mouche bleue de la viande est l'espèce le plus à écarter. Vous l'entendez, durant tout l'été, s'agiter, bourdonner dans les appartements et surtout aux environs du garde-manger. Dès qu'elle y trouve un morceau de viande, vite elle y dépose ses œufs par centaines, et, vingt-quatre heures après, des œufs sont déjà sortis des vers, dont la tête, munie de crochets écailleux, s'enfonce dans la viande, la perçant dans tous les sens. Pendant leur travail, ils sont enveloppés d'une liqueur gluante qui sert à entretenir dans la viande une certaine humidité destinée à la faire corrompre rapidement. Ils mangent tellement que, dès le lendemain de leur naissance, leur grosseur est double de ce qu'elle était; le troisième jour, ils pèsent deux cents fois plus que dans les vingt-quatre heures précédentes. Au bout de cinq à six jours, ils s'en vont se blottir en terre, se couvrent d'une enveloppe ressemblant à un petit œuf, et sortent de là, après quelque temps, sous la forme d'une nouvelle mouche, qui prend très promptement les allures des autres, va s'ébattre au grand jour et pondre. Attention au garde-manger! Toutefois elle ne pique pas comme les mouches et les taons qui tourmentent les animaux et les gens.

Le ver à soie.

Le ver à soie, après être resté six mois dans une graine, ou petit œuf pondu par un papillon, en sort sous la forme d'une chenille, qu'on nourrit avec la feuille de mûrier. Il change plusieurs fois de peau. Après sa dernière mue, il mange beaucoup pendant quelques jours; puis il file la soie, qui doit former son cocon, et s'y enferme. Après être resté quinze jours à l'état de chrysalide, il perce le cocon et en sort à l'état de papillon, pour prendre son vol et pondre de nouveaux œufs, qui seront récoltés avec soin. Les cocons percés ne donnent qu'une soie de médiocre qualité; les autres ont été mis dans l'eau bouillante, pour tuer la chrysalide au moment où il convient de récolter la soie. Les fils, tel que l'insecte les a produits sont très fins; un seul peut avoir jusqu'à quatre cents mètres de longueur. On associe ces fils par le dévidage, afin de pouvoir les tisser. Le ver à soie comme l'abeille est un don de la Providence, qui place toujours le bien à côté du mal, comme consolation ou remède. L'histoire de la fourmi, modèle d'activité, est aussi fort intéressante; mais nous n'en dirons rien, car elle cause des dégâts dans nos habitations et nos jardins en recherchant les matières sucrées. La fourmi rouge fait des morsures douloureuses.

Fable. — Un jour, causant entre eux, différents animaux
Louaient beaucoup le ver à soie :
« Quel talent, disaient-ils, cet insecte déploie
En composant ces fils si doux, si fins, si beaux,
Qui de l'homme font la richesse! »
Tous vantaient son travail, exaltaient son adresse.
Une chenille seule y trouvait des défauts,
Aux animaux surpris en faisait la critique,
Disait des mais et puis des si.
Un renard s'écria : « Messieurs, cela s'explique;
C'est que madame file aussi. »

Florian.

La chenille tient ici un langage aussi laid que sa personne : c'est l'envie qui la fait parler. Elle ne peut souffrir qu'on loue le ver à soie et qu'on se taise sur le talent qu'elle croit avoir; cela lui semble une injustice, et elle s'en venge par le dénigrement, qui est toujours vilain et odieux. Que d'enfants se montrent laids comme la chenille, quand on loue devant eux d'autres enfants auxquels ils se croient supérieurs!

Fable. — La fourmi se présente devant une ruche et dit à l'abeille : « Le faisan a détruit ma fourmillière et mes provisions; vous qui êtes riche et avez bon cœur, ayez pitié de ma misère! — Oh! répond l'abeille, je me souviens qu'en pareil cas, vous avez mal accueilli la cigale, mon amie; mais je veux être plus généreuse : entrez et usez-en comme chez vous. »

Les abeilles.

Les abeilles vivent en société dans des ruches. Une abeille reine pond de quarante à cinquante mille œufs par an. D'autres armées d'un aiguillon s'en vont butiner sur les fleurs, construisent avec la cire les cellules destinées à recevoir les œufs et la nourriture des jeunes larves. La liqueur sucrée qu'elles ont pompée sur les fleurs, à l'aide de leur trompe, et la poussière jaune qu'elles ont recueillie, se changent, dans leur estomac, en miel et en cire, qu'elles pétrissent avec leurs pattes et dont elles font des gâteaux de cire. Quand un essaim est éclos, il va se poser où la reine le conduit, et si l'on n'a pas soin de tenir une ruche toute prête, on le voit s'en allant dans les airs, comme un petit nuage, jusqu'à ce qu'il rencontre quelque vieux tronc d'arbre d'où il faudra le détacher avec précaution, en le faisant tomber dans une ruche. Pour arrêter l'essaim dans son vol, les paysans frappent sur des casseroles, et cette étrange musique produit son effet. Les guêpes et les frelons se construisent des guêpiers dans la terre, mais ne donnent pas de miel, ils volent, à l'occasion, celui des abeilles. Les piqûres de ces insectes sont douloureuses, quelquefois dangereuses. On cautérise la plaie avec de l'ammoniaque ou alcali volatil.

Fable. — Une abeille, jeune étourdie,
Pour composer un miel parfait,
Se réglait sur sa fantaisie,
Et croyait chaque fleur utile à cet effet.
« Modérez-vous, disait sa mère;
Pourquoi tant de vivacité?
Triez vos fleurs. — Non, non, laissez-moi faire,
Vous verrez ma capacité. »
Lui répliquait la jeune abeille.
Notre indocile, au milieu de l'été,
Dit à sa mère : « Enfin, j'ai fait merveille;
Venez, voyez, goûtez mon miel!
Il est comme on n'en trouve guère. »
La mère : « Hélas! ma chère,
Vous n'avez produit que du fiel. »
Il est beau d'aimer la lecture....
C'est prendre un honnête plaisir;
De l'âme elle est la nourriture,
Mais on ne peut trop la choisir.

X....

L'abeille a raison : on ne doit pas manger de tous les fruits; car il en est qui contiennent du poison; et il ne faut pas lire tous les livres, plusieurs contenant des poisons mortels pour l'âme, si on en fait usage. Écoutez ce vieux proverbe : Dis-moi qui tu fréquentes et je te dirai qui tu es. J'ajoute : Dis-moi ce que tu lis et je te dirai ce que tu es. Enfants! ne lisez donc jamais les mauvais livres, qui vous perdraient; lisez les bons livres qui vous instruiront. Un sage a dit : Pour s'instruire, il faut lire beaucoup un petit nombre de bons livres.

Les cinq parties du monde.

Le sol de l'Europe est moins riche que celui de l'Asie et de l'Amérique ; mais il est mieux cultivé. L'Europe est la première des parties du monde par la religion, la civilisation, les sciences et les arts. Et la France est la première des nations dans les œuvres du bien, de l'esprit et du goût.

L'Asie produit le diamant, les pierres précieuses ; l'or, l'argent et d'autres métaux ; l'arbre à thé, le caféier, le cotonnier, l'indigotier, le camphrier, le poivrier, le giroflier, la canne à sucre, le pêcher, l'oranger, les épices. On y trouve le cheval arabe, le chameau, la chèvre du Thibet, le rhinocéros, l'éléphant, le tigre, la panthère, le léopard, le lion, etc.

L'Afrique, dévorée par la chaleur, n'est habitable que sur les côtes. On y voit d'immenses végétaux, tels que le baobab, le bambou, le palmier, le dattier, etc. ; on y rencontre le lion, le tigre, le boa, le crocodile, la girafe, l'autruche, etc.

L'Amérique est peuplée d'Européens. On y récolte le blé, le coton, la canne à sucre, le café, le tabac, le tapioca, le maïs, la vanille, l'ananas, le bananier, l'acajou, le campêche, etc. De vastes terrains y nourrissent de nombreux troupeaux. Il y a de riches mines d'or et d'argent.

L'Océanie se peuple et prospère tous les jours.

La nature est prodigue de ses dons dans les régions de l'équateur ; on y voit à profusion des arbres gigantesques, alors que celles du nord sont couvertes de savanes ou de maigres forêts de sapins. Dans l'Amérique du Sud coulent des fleuves immenses : l'Amazone, après un cours de 1,400 lieues, entre dans la mer par une embouchure de 72, et continue sa marche au sein de l'Océan, sur une longueur de 30 lieues. A l'intérieur de l'Afrique souffle le *simoun*, vent du désert, qui, partant du sud, soulève des sables brûlants sous lesquels les caravanes sont quelquefois ensevelies. Les îles de l'Océanie sont de temps à autre bouleversées par d'effroyables tremblements de terre. Au centre de l'Asie se trouvent des volcans et les plus hautes montagnes; l'Himalaya s'élève à 9,000 mètres. L'Asie a été le berceau du genre humain. Les enfants de Noé peuplèrent les rives du Tigre et de l'Euphrate. Là s'élèvaient d'opulentes cités : Babylone aux cent portes, Ninive avec ses palais immenses, et d'autres à jamais ensevelies sous la poussière des siècles. Comment s'est éclipsée tant de gloire?... « Tu seras détruite à cause de tes iniquités, dit le prophète ; tes murailles seront renversées, et la place que tu occupes deviendra une plaine déserte et inculte, et tu ne te relèveras plus de tes ruines, car tu as offensé le Très-Haut. »

La pesanteur.

La terre attire, par la pesanteur, tous les corps qui l'entourent. Une pierre jetée en l'air retombe; les fruits tombent des arbres, et d'autant plus vite qu'ils viennent de plus haut. Une pierre qui, tombant d'un mètre de hauteur, ne nous blesserait pas, nous tuerait si elle tombait d'une hauteur de cent mètres. — Tous les hommes sur tous les points du monde ont les pieds dirigés vers le centre de la terre, comme le fil à plomb, et il semble ainsi que ceux qui sont du côté opposé au nôtre ont les pieds en haut et la tête en bas; mais pour tous le bas est du côté du sol, comme il arrive à deux mouches marchant aux côtés opposés d'une boule. C'est la pesanteur qui retient l'eau au fond des vases, au fond de la mer et qui en arrondit la surface. — Plus les corps contiennent de matière, plus ils pèsent : les *balances* servent à indiquer cette pesanteur. Plus ils sont lourds, plus ils sont difficiles à élever; alors on se sert des *leviers*, des *poulies* et des *treuils*. La pesanteur de l'eau fait tourner les *moulins;* celle de l'air fait monter l'eau dans les *pompes*, elle presse sur la cuvette du *baromètre*, fait monter plus ou moins dans le tube le mercure, qui marque, par sa hauteur, si l'air est lourd ou non, sec ou humide, si le temps sera beau ou pluvieux.

Je n'ai jamais voulu monter en ballon pour mon plaisir : l'homme ne doit pas, sans nécessité, s'exposer à la mort. Beaucoup d'aéronautes ont été, les uns asphyxiés ou gelés dans les hautes régions de l'atmosphère, où l'air est raréfié et glacé ; les autres, noyés dans la mer ; d'autres, broyés en tombant sur la terre, traînés à travers les arbres et les maisons, déchirés et meurtris quand le ballon descendu à fleur de terre était poussé par le vent. Si, faute de précautions nécessaires, le ballon s'élève trop haut ou se vide par une déchirure et menace de tomber rapidement, l'aéronaute cherche son salut dans le *parachute*, vaste parapluie qui s'ouvre en descendant. L'air sur lequel il s'étend le soutient, comme il soutient les feuilles, les cerfs-volants, les oiseaux. La descente se fait doucement, car l'air pressé ne s'écoule que peu à peu par un trou percé au sommet du parachute, et elle se ralentit de plus en plus, parce que l'air, devenant plus dense vers la terre, oppose plus de résistance à la chute. Il faut cependant que l'air ne soit pas trop agité, car alors il y a encore le danger d'être jeté contre un obstacle et renversé. J'ai vu un singe fort en peine dans cette situation, et poussant des cris qui excitaient plus de gaieté que de compassion parmi les curieux. La nacelle du parachute s'étant accrochée, l'animal faillit être tué.

Le son, l'écho.

Quand vous laissez tomber une pierre sur une nappe d'eau tranquille, vous voyez se former des ronds, des ondulations qui vont en s'étendant, en s'élargissant. Un bruit, un cri, un choc qui frappe l'air produit des ondulations semblables ; ondes sonores qui, arrivant à nos oreilles, nous donnent la sensation du son. Tout corps qui reçoit un choc s'agite comme d'un frémissement, il vibre ; on le voit, on l'entend sur un diapason, sur une corde de violon, sur un timbre, sur les cloches. Les vibrations des corps agitent l'air, et des ondes sonores frappent notre tympan, qui en transmet l'effet au nerf auditif. Où il n'y a pas d'air, le son ne peut être entendu, faute d'ondulations. Si on pose le doigt sur un verre ayant reçu un choc, on arrête le son en arrêtant les vibrations. Le son se propage facilement dans les corps solides ou liquides : le plus léger choc à un bout d'une poutre ou d'une barre de fer est entendu à l'autre bout. Les sauvages appliquent l'oreille sur le sol pour entendre au loin la marche des tribus ennemies. Un plongeur entend sous l'eau les paroles dites sur le rivage. Dans l'air, le son parcourt 340 mètres par seconde. Comme la lumière en parcourt 75,000, on s'explique pourquoi on voit l'éclair avant d'entendre le tonnerre.

Un cri jeté à distance d'une muraille ricoche comme une pierre; il est réfléchi et revient : c'est *l'écho*. S'il y a plusieurs surfaces réfléchissantes, le bruit est répété autant de fois. On cite des échos qui répètent le son 25 fois. — Les sons *graves* résultent de 32 vibrations au moins par seconde, les sons *aigus* résultent de vibrations rapides qui peuvent être de 70,000 par seconde : ainsi le cri d'un oiseau. Dans les instruments de musique, les vibrations sont produites sur des cordes comme celles des violons, des harpes, des pianos; sur l'air contenu dans des tubes, tels que les flûtes, les tuyaux d'orgues, par la vibration imprimée à *l'anche*. Dans le cornet à piston, la vibration des lèvres se transmet à l'air contenu dans l'instrument. L'air qui est à l'intérieur de tous ces instruments fait vibrer en même temps le bois ou le métal dont ils sont faits; dans le bois, le son est plus doux; dans le métal, il est plus éclatant. Une succession agréable de sons produit une *mélodie;* un ensemble de sons bien combinés, bien accordés, produit l'*harmonie*. L'orgue est le plus beau et le plus puissant de tous les instruments de musique; il les réunit tous. Tantôt il fait entendre le rugissement des vents et des tempêtes, les désespoirs des damnés; tantôt il élève l'âme, pour la mêler aux concerts des anges, et produire des accords célestes.

La chaleur.

La chaleur existe dans toute la nature; le froid n'est qu'une diminution de chaleur. Elle fait germer la graine, pousser la plante, ouvrir les fleurs, mûrir les fruits, et elle est indispensable à la vie des animaux. La mort règne aux pôles et sur les sommets glacés. La chaleur dilate les corps et les fait augmenter de volume : une barre de fer chauffée s'allonge, une boule grossit, un cercle s'agrandit. On chauffe les cercles des roues avant de les poser, pour qu'en se refroidissant ils se contractent et serrent le bois. L'air dilaté dans l'œuf mis au feu le fait éclater; la vapeur dilatée fait déchirer et sauter les chaudières; les gaz dilatés brisent les canons de fusil. La chaleur fait passer l'eau et la plupart des corps de l'état *solide* comme la glace à l'état *liquide*, et ensuite à l'état invisible ou *gazeux;* ainsi le soufre dur à l'état solide devient liquide en fondant, gazeux en s'enflammant. En dilatant l'eau qui est au fond d'une casserole, elle la fait monter en bouillons, qui viennent prendre le dessus, comme font les ballons dans l'air, parce qu'ils sont légers. — On mesure la *température* des corps par le *thermomètre*, qui renferme du mercure ou de l'alcool, dont la dilatation marque en degrés la quantité de chaleur des corps sur lesquels on l'applique.

Pour faire mouvoir une *machine à vapeur*, il faut d'abord une *chaudière*, un *générateur* où se forme la vapeur. Les chaudières des usines sont entourées d'une maçonnerie qui les protège contre le refroidissement; celles des *locomotives* et des *locomobiles* sont entourées de planches ou de feutre avec enveloppes. Un tuyau conduit la vapeur de la chaudière dans un *cylindre* en fonte; elle y entre alternativement par un bout et par l'autre. Là elle pousse un *piston* tantôt en avant, tantôt en arrière. Il en résulte un va et vient que la tige du piston transmet à la *manivelle* d'une grande roue par l'intermédiaire d'une *bielle*. Cette roue ou *volant* tourne sur un axe ou *arbre*, duquel on fait partir, à l'aide d'engrenages ou de courroies, tous les *mouvements mécaniques* de l'atelier. Le volant, par sa masse énorme, empêche la machine d'aller trop vite et entretient la marche si elle tend à retarder. Un régulateur à boules, à *force centrifuge*, fait mouvoir une clef pour régler l'arrivée de la vapeur. — L'eau doit être maintenue jusqu'au niveau où le feu pourrait rougir la tôle et endommager la chaudière. Un *tube* de verre en communication avec la chaudière, un flotteur, un *sifflet d'alarme* indiquent si l'eau y est au niveau voulu; et des *soupapes de sûreté* laissent échapper la vapeur, quand elle est trop chauffée et menace de faire éclater la chaudière.

Les météores.

L'air échauffé, dans les régions où passe le soleil, se dilate, s'élève et fait place à l'air plus lourd, plus dense qui accourt prendre sa place : telle est la cause ordinaire des *vents*. La chaleur fait évaporer l'eau des fleuves et des mers ; l'air en contient d'énormes quantités à l'état gazeux. Si l'air se refroidit, on voit se former le *brouillard* et les *nuages*, les gouttelettes fort légères deviennent plus abondantes, et si le refroidissement continue, la *pluie* tombe. La *neige* vient de nuages gelés dans les airs. En temps calme, ses jolis cristaux étoilés peuvent se former. Si l'air est agité, il se forme du *grésil* ou de la *grêle*. Après une journée chaude, l'air, se refroidissant, ne peut porter l'humidité qu'il contient, et on sent tomber une pluie invisible, le *serein*. La terre et les plantes se refroidissant durant la nuit, la couche d'air qui les touche se refroidit et dépose son humidité, c'est la *rosée*, qui devient *gelée blanche* en hiver. On appelle météores lumineux les *aurores boréales*, dues à l'électricité ; l'*arc-en-ciel*, dû à la réfraction de la lumière, et les *étoiles filantes*, qui paraissent être des fragments planétaires que la terre attire dans notre atmosphère, où la rapidité de leur course les enflamme, par l'effet du frottement.

Les rayons du soleil tombent d'aplomb sur la terre dans la zone torride. L'air chaud et humide s'élève en tourbillons, en trombes, en cyclones tournants dont le diamètre peut être de cent lieues. D'immenses nuées renfermant la foudre et la tempête se meuvent avec une rapidité prodigieuse, se transportent au loin avec une force terrible. Malheur à qui se trouve sur leur passage : les navires, soulevés, brisés sont jetés à la côte, les édifices sont renversés, les plus grands arbres sont arrachés et transportés au loin ; les campagnes sont ravagées et les plus gros animaux sont enlevés comme des plumes, aplatis contre les obstacles. Les îles et les rives de l'Océan indien sont souvent dévastées par ces terribles phénomènes dont le contre-coup se fait quelquefois sentir jusque dans nos régions tempérées, tant ils causent d'ébranlement dans l'atmosphère. Récemment une trombe formidable s'est avancée jusqu'à Madrid, inondant la ville d'une pluie diluvienne, lançant d'énormes grêlons, renversant les passants, les voitures, les maisons, déracinant les arbres, tuant ou blessant un grand nombre de personnes. Une grosse cloche fut arrachée et lancée à une énorme distance. On a beaucoup remarqué la terreur des animaux durant la tempête. Il semble que la nature tout entière tremble à ces déchaînements de la vengeance divine.

La lumière.

La lumière est partout; les ténèbres ne sont qu'une diminution de lumière. Quand les rayons lumineux arrivent sur une surface polie, comme celle d'un miroir ou d'une eau tranquille, ils sont *réfléchis*, renvoyés. Une bougie posée devant une glace y envoie son image, et cette image, par *réflexion*, ajoute la lumière qu'elle renvoie à celle qui éclaire déjà la salle ; de là l'usage des abat-jour, des *réflecteurs*. Les images sont réfléchies selon la forme des surfaces réfléchissantes : l'image est réduite par un miroir *convexe*, une boule de jardin; elle est agrandie par un miroir à barbe *concave ;* elle est allongée par la forme cylindrique d'un corps de bouteille, raccourcie par la même posée en travers. Tout cela par le changement de direction des rayons réfléchis, qui repartent toujours par un *angle de réflexion* égal à *l'angle d'incidence*, comme fait la bille après avoir frappé la bande d'un billard. — Les rayons de lumière passant d'un milieu dans un autre sont brisés, *réfractés*, et les objets vus paraissent déplacés, déformés : un bâton enfoncé dans l'eau paraît cassé, raccourci; un poisson n'est pas vu où il se trouve. La *lentille bi-convexe* fait voir les objets grossis; la *lentille bi-concave* les fait voir amoindris, de là l'emploi des lunettes.

Un rayon de soleil entrant dans une goutte de rosée s'y décompose en sept rayons, que l'on voit plus en grand dans les gouttes d'eau où se produit l'arc-en-ciel, et qui se rangent dans l'ordre suivant : *violet*, *indigo*, *bleu*, *vert*, *jaune*, *orangé*, *rouge*. Ce phénomène se voit dans nos verres taillés et mieux encore dans le *prisme*. Un rayon de lumière solaire traversant le prisme s'y brise, s'y *réfracte* et en sort divisé en sept rayons colorés. On pense que la lumière blanche est formée de ces rayons, car si on les ramène tous en un point où ils se confondent, on a la lumière blanche. En même temps que les rayons du soleil sont réfractés dans les gouttes d'eau, ils y sont réfléchis par le fond même de la goutte, et pour que nous les voyions, il faut toujours que nous soyons dans une position telle que la lumière, envoyée par le soleil sur le nuage, soit réfléchie vers nous. La lumière est un des plus grands bienfaits de la Providence. Portez vos regards au loin sur la campagne, durant une splendide journée d'été, et voyez les champs et les bois baignés dans l'air azuré, les nuages colorés des plus douces nuances. Considérez l'éclat et le coloris des fleurs, le brillant plumage des oiseaux, les teintes harmonieuses des sites lointains. Faible image cependant des splendeurs de l'éternelle lumière, dont jouissent les bienheureux dans le Paradis.

L'électricité.

On pense que l'électricité existe partout à la surface des corps et qu'elle est formée de deux éléments, qui réunis ne produisent aucun effet, mais qui séparés tendent violemment à se rapprocher pour reconstituer l'*état neutre*. Diverses causes les séparent : les actions chimiques, le frottement, etc. Les courants d'air, l'évaporation électrisent les nuages, comme nous électrisons un bâton de verre ou de résine en le frottant avec de la laine. L'un des deux éléments reste sur l'objet ou le nuage électrisé, et de là attire l'autre des objets environnants. Tous les deux accourent à la rencontre l'un de l'autre, en suivant les corps bons conducteurs, s'il s'en trouve sur leur passage ; faute de quoi ils passent en brisant, en brûlant ce qu'ils rencontrent. L'air étant mauvais conducteur, ils le traversent violemment, l'enflamment ; c'est l'*éclair* et le *tonnerre*. Cette décharge se produit d'ordinaire entre deux nuages. Quand elle a lieu entre un nuage et la terre, on dit que la *foudre* est tombée. Dans ce cas, l'élément du nuage électrisé se porte vers l'autre, qui accourt de la terre, montant par les arbres et les maisons contre lesquels on ne doit pas rester. C'est pour faciliter la rencontre des deux fluides que l'on pose des *paratonnerres*, sur les bâtiments.

La Pile. — Quand on plonge dans l'eau acidulée du zinc et deux fils de cuivre, l'acide attaque le zinc, les deux fluides électriques se portent sur chacun des deux fils. Si on met en présence l'un de l'autre les bouts de ces fils, les fluides opposés accourent par les fils, se choquent en produisant une étincelle et un bruit; c'est la foudre en petit. Les fils qui suivent les lignes des chemins de fer servent de passage à un *courant électrique* assez fort pour faire mouvoir, dans les bureaux du télégraphe, les mécanismes qui impriment des signes ou des lettres; pour tirer les martéaux des sonneries; pour faire tourner, en même temps sur la plus longue ligne, toutes les aiguilles qui marquent l'heure de Paris. Ce courant parcourt 43,000 lieues par seconde et ferait cinq fois le tour de la terre en une seconde. — Quand on prend dans chaque main les fils d'une *pile*, on est traversé par le courant, on subit un choc et une agitation qui amènerait la mort si la pile était forte. Reçues dans une sage mesure, ces secousses raniment les membres affaiblis. — Si l'on fait arriver les fils dans un baquet contenant de l'eau acidulée et de l'or en dissolution, et qu'on attache à l'un des fils un objet à dorer, le courant partant de l'autre fil ramasse, pour passer, les parcelles métalliques, et les emporte sur l'objet qui se dore ainsi.

Les combinaisons chimiques.

La nature forme tous les corps composés par l'association, la *combinaison* de quelques corps simples. Ainsi tous les végétaux sont formés de *carbone* ou charbon, d'*hydrogène*, principe de l'eau, et d'*oxygène*, gaz le plus important. A ces trois substances s'ajoutent de l'*azote* et quelques matières *minérales* existant dans le sol. Ces substances sont prises dans l'air, qui est un mélange d'oxygène et d'azote; dans l'eau, qui est une combinaison d'hydrogène et d'oxygène. Les animaux consomment ce que les végétaux ont fabriqué; ils sont donc formés aussi de carbone, d'hydrogène, d'oxygène et d'azote, plus de matières minérales, dans les os surtout qui contiennent de la chaux. L'agent actif de toutes ces combinaisons est l'oxygène : il s'attaque aux *métaux* et les oxyde; la rouille est un *oxyde* de fer. Avec les *métalloïdes*, il forme des *acides* aigres et piquants, tels qu'on les sent dans le vinaigre, la groseille, l'oseille, dans les boissons mousseuses où il produit avec le carbone l'acide carbonique; dans l'odeur des allumettes, où il forme avec le soufre l'acide sulfureux. Il se combine lentement dans la formation des végétaux et des animaux, vivement dans la flamme qui est une combinaison à haute température.

Le sucre existe plus ou moins dans les végétaux, car il est formé de la substance végétale, la *cellulose*. Il se développe dans le grain semé, pour nourrir le germe; dans les bourgeons, dans les fleurs, où l'abeille prend son miel; dans les fruits surtout. On l'extrait, tout formé, des jus de la canne à sucre et de la betterave pressées. Ces jus, chauffés et nettoyés, donnent la *cassonnade*, qui, raffinée, blanchie, *cristallise*. On extrait encore le sucre de la pomme de terre râpée et des farines. En soumettant ces farines à l'action d'un acide dans l'eau, on transforme la *fécule* en gomme (dextrine) et ensuite en sucre (glucose), pareil à celui des raisins et des fruits; on en fait des liqueurs. Dans la fermentation des boissons, l'oxygène de l'air transforme le sucre en alcool, qui leur donne de la force, et en acide carbonique, qui les fait mousser et leur donne sa saveur piquante. On extrait ainsi l'alcool de toutes les matières sucrées en fermentation, par *distillation*. L'alcool, par un nouveau travail de l'oxygène, se change en vinaigre et ensuite celui-ci en eau. Le pain, fait de farine contenant la fécule, renferme aussi du sucre; quand il lève ou fermente, il produit l'alcool et l'acide carbonique, qui soulève le *gluten* et troue la pâte. Il n'est donc pas étonnant que les fruits, les légumes, les boissons et le pain aient une saveur sucrée.

L'éclairage.

Une simple mèche de coton, dans l'huile ou le suif, éclaire peu et produit de la fumée : combustible perdu, carbone non combiné. La *lampe* éclaire mieux, parce que la *combustion* ou combinaison est complète, l'oxygène de l'air arrivant sur la mèche à l'intérieur comme à l'extérieur, et en abondance, grâce au tirage déterminé par une petite cheminée en verre. La *bougie* éclaire mieux que la chandelle de suif, parce que sa substance, étant plus pure, se combine mieux avec l'oxygène. Elle est comme toutes les graisses formée de carbone et d'hydrogène, *ainsi que le gaz d'éclairage*. De la flamme où se fait la combinaison de l'oxygène avec ces deux corps, se dégage de l'acide carbonique et de la vapeur d'eau. La *flamme* doit sa chaleur à la combustion de l'hydrogène; et son éclat à celle du carbone. La flamme d'une bougie est plus chaude à l'extérieur, où elle baigne dans l'air, qu'à l'intérieur, où l'oxygène n'arrive pas. Aussi la mèche est-elle tordue, afin qu'elle porte son extrémité jusqu'à l'extérieur, où la chaleur peut la brûler sans résidu. La rencontre des deux fluides électriques entre deux charbons, auxquels aboutissent les fils d'une pile, produit la plus grande chaleur et la plus vive lumière qui existe après celle du soleil.

On sait que le feu étant mis à une fuite de gaz considérable, il se produit une explosion qui soulève les bâtiments, projette les façades sur la rue, parce que le gaz dilaté par la chaleur repousse au loin ce qui l'entoure, ébranle l'air et les bâtiments voisins. Des effets plus terribles se produisent dans les mines où se répand un gaz semblable, de l'hydrogène carboné, provenant du charbon humide des houillières, qui sont d'anciennes forêts enfouies et carbonisées par la chaleur centrale du globe. Pour se guider dans l'obscurité, les mineurs portent une lampe entourée d'une toile métallique. Quand le gaz ou *grisou* arrive dans la mine, il s'enflamme à la mèche de la lampe ; mais la flamme ne se communique pas à l'extérieur, parce qu'elle est refroidie par la toile métallique. Si, pour voir plus clair, un mineur a eu l'imprudence d'ôter la toile, alors le feu se communique à toute la mine, et les ouvriers sont asphyxiés ou tués sous les éboulements. — En Asie et en Amérique, on trouve ce qu'on appelle des puits flambants, desquels s'écoule le pétrole. Il est difficile d'éteindre la flamme produite par cette huile. On a vu de grands lacs couverts de pétrole donner le spectacle curieux d'une mer enflammée. En quelques pays d'Amérique, le pétrole est en telle quantité dans le sol qu'il suffit d'établir des pompes pour l'obtenir à volonté.

Les alliages.

Avec les métaux simples, tels que l'or, l'argent, le cuivre et d'autres, on compose par fusion, par alliage de nouveaux corps métalliques ayant des qualités, des propriétés différentes, quelquefois supérieures. Ainsi avec le cuivre, qui est rouge, et le zinc, qui est blanc, on produit le *laiton*, qui a une belle couleur jaune, et sert à fabriquer des instruments de musique, des ornements, etc.; avec le cuivre et l'étain, on obtient un *bronze*, très dur pour la statuaire, très sonore pour les cloches, qualités que n'ont point le cuivre et l'étain isolés; avec le cuivre et l'or ou l'argent, on obtient un alliage résistant pour la fabrication des monnaies et de la vaisselle de luxe. Beaucoup d'alliages ont aussi la propriété d'être moins oxydables que les métaux. Le cuivre, le zinc et le nickel forment des alliages, qui ont l'éclat de l'argent. Le *métal anglais*, le *métal d'Alger* sont des alliages d'étain et d'autres métaux. Le fer-blanc est du *fer étamé;* le fer galvanisé est du *fer zingué*. Le nickel étant peu oxydable forme de très beaux alliages qui ont l'aspect de largent, (objets nickelés). Les métaux peu oxydables sont appelés *métaux précieux*. Le cuivre, l'étain, le zinc s'oxydent moins que le fer, parce que la première oxydation qui s'y forme les protège.

Les descendants d'Adam, dès la septième génération, étaient habiles dans l'art de travailler les métaux. Jubal et Tubalcaïn fabriquaient des ouvrages de fer et d'airain, et des instruments de musique. Les hommes qui ont vécu avant le déluge, étaient habiles dans l'art de construire ; l'arche en est une preuve. Les villes de l'antiquité avaient de hautes murailles et des portes de bronze. Les Hébreux savaient travailler les métaux dès du temps d'Abraham. Eliézer offrit à Rébecca des bracelets et des pendants d'oreilles ; l'arche d'alliance renfermait des richesses artistiques incomparables, et les merveilles du temple de Salomon, où brillaient les métaux précieux, excitèrent l'admiration de l'univers. A mesure que la terre se peupla, des tribus vagabondes allèrent s'établir au loin; leur isolement les fit tomber dans l'ignorance et la barbarie. On a cru reconnaître en certaines contrées que ces tribus tombées à l'état sauvage, comme il s'en trouve dans quelques îles aujourd'hui, se sont fait des armes avec des os taillés en pointes, des éclats de cailloux ; que d'autres plus tard y ont employé le bronze et plus tard le fer. De là les expressions : *âge de la pierre, âge du bronze*, etc. Ce serait une grossière méprise d'en conclure que les premiers hommes après Adam n'étaient que des sauvages, l'histoire dit tout le contraire.

TABLE DES MATIÈRES

PREMIÈRE PARTIE

DEUXIÈME PARTIE

— Lille. Typ. J. Lefort. 1880. —

www.ingramcontent.com/pod-product-compliance
Ingram Content Group UK Ltd.
Pitfield, Milton Keynes, MK11 3LW, UK
UKHW021059230726
13926UKWH00004B/1944